AF091822

DISCLAIMER

The author and publisher are providing this book and its contents on an "as is" basis and make no representations or warranties of any kind with respect to this book or its contents. The author and publisher disclaim all such representations and warranties, including but not limited to warranties of merchantability. In addition, the author and publisher do not represent or warrant that the information accessible via this book is accurate, complete, or current.

Except as specifically stated in this book, neither the author nor publisher, nor any authors, contributors, or other representatives will be liable for damages arising out of or in connection with the use of this book. This is a comprehensive limitation of liability that applies to all damages of any kind, including (without limitation) compensatory; direct, indirect, or consequential damages; loss of data, income, or profit; loss of or damage to property; and claims of third parties.

BESTACTIVITYBOOKS.COM

FIRST EDITION - Published 2022

Extra Graphic Material From: www.freepik.com
Thanks to: Alekksall, Starline, Pch.vector, Rawpixel.com, Vectorpocket, Dgim-studio, Upklyak, Macrovector, Stockgiu, Pikisuperstar & Freepik.com Designers

GET
YOUR
BONUS
FREE
CODE: WSBONUS20

5 TIPS TO START!

1) HOW TO SOLVE

The Puzzles are in a Classic Format:

- Words are hidden without breaks (no spaces, dashes, ...)
- Orientation: Forward & Backward, Up & Down or in Diagonal (can be in both directions)
- Words can overlap or cross each other

2) ACTIVE LEARNING

To encourage learning actively, a space is provided next to each word to write down the translation. The **DICTIONARY** allows you to verify and expand your knowledge. You can look up and write down each translation, find the words in the Puzzle then add them to your vocabulary!

3) TAG YOUR WORDS

Have you tried using a tag system? For example, you could mark the words which have been difficult to find with a cross, the ones you loved with a star, new words with a triangle, rare words with a diamond and so on...

4) ORGANIZE YOUR LEARNING

We also offer a convenient **NOTEBOOK** at the end of this edition. Whether on vacation, travelling or at home, you can easily organize your new knowledge without needing a second notebook!

5) FINISHED?

Go to the bonus section: **MONSTER CHALLENGE** to find a free game offered at the end of this edition!

Want more fun and learning activities? It's Fast and Simple!
An entire Game Book Collection just one click away!

Find your next challenge at:

BestActivityBooks.com/MyNextWordSearch

Ready, Set... Go!

Did you know there are around 7,000 different languages in the world? Words are precious.

We love languages and have been working hard to make the highest quality books for you. Our ingredients?

A selection of indispensable learning themes, three big slices of fun, then we add a spoonful of difficult words and a pinch of rare ones. We serve them up with care and a maximum of delight so you can solve the best word games and have fun learning!

Your feedback is essential. You can be an active participant in the success of this book by leaving us a review. Tell us what you liked most in this edition!

Here is a short link which will take you to your order page.

<u>BestBooksActivity.com/Review50</u>

Thanks for your help and enjoy the Game!

Linguas Classics Team

1 - Antiques

Ь	Ш	Ш	Б	Ф	Ц	А	Б	Б	В	Ч	П	К	Е	Н
Ь	Ю	К	И	Т	Е	Н	О	М	В	Д	Е	О	Л	Е
П	Ю	Ш	Ж	П	С	Е	Й	Г	Г	Н	Щ	Л	Е	О
О	Ц	В	У	Ф	Т	Ц	М	П	Х	Й	Ш	Е	Г	Б
С	В	Ю	Т	Ъ	И	Л	Е	Б	Е	М	П	К	А	И
И	Ч	Т	А	И	Л	Ш	И	Ч	Й	О	Р	Т	Н	Ч
Н	Д	Е	С	Е	Т	И	Л	Е	Т	И	Я	О	Т	А
В	Г	К	Ж	У	У	Ч	Я	О	У	Р	И	Р	Е	Е
Е	Ч	Ц	Г	У	К	Ш	Д	Щ	Ч	П	Р	Р	Н	Н
С	А	Х	Й	Й	Ж	З	Ж	В	Е	К	Е	А	В	Ц
Т	Ц	Ь	Ь	К	М	К	И	Л	А	Ъ	Л	Щ	Т	Й
И	А	В	Т	Е	Н	Т	И	Ч	Е	Н	А	А	Ч	С
Ц	С	К	У	Л	П	Т	У	Р	А	У	Г	Р	Ъ	Т
И	Д	Е	К	О	Р	А	Т	И	В	Е	Н	П	И	И
Я	П	К	А	Ч	Е	С	Т	В	О	Ш	Л	Ю	И	Щ

ИЗКУСТВО
ТЪРГ
АВТЕНТИЧЕН
ВЕК
МОНЕТИ
КОЛЕКТОР
ДЕСЕТИЛЕТИЯ
ДЕКОРАТИВЕН
ЕЛЕГАНТЕН
МЕБЕЛИ
ГАЛЕРИЯ
ИНВЕСТИЦИЯ
БИЖУТА
СТАР
ЦЕНА
КАЧЕСТВО
СКУЛПТУРА
СТИЛ
НЕОБИЧАЕН

2 - Food #1

В	Г	Г	С	Х	Т	Ф	Л	Ф	Ь	О	Л	Щ	Б	Ц
Р	С	С	П	Х	Ч	Ъ	М	У	Ф	Ж	Д	Г	О	Г
Й	О	Щ	А	А	У	С	Т	М	К	Ъ	Й	В	С	С
М	К	П	Н	О	Т	Т	М	О	Р	К	О	В	И	А
Р	Л	Ч	А	Ь	П	Ъ	З	А	Х	А	Р	Е	Л	Л
К	Ш	Я	К	Л	Ч	К	Ф	Р	С	У	П	А	Е	А
С	О	Л	К	Н	Е	А	Р	Я	Н	Е	И	Я	К	Т
Т	Ф	Л	С	О	У	Н	Б	П	Х	В	Б	Я	Щ	А
О	Ь	Р	У	Й	Ь	Я	А	А	Н	Л	Ч	Т	Я	Ж
Е	Щ	Ю	К	Ъ	Ю	Б	Ч	К	И	М	Е	Ч	Е	Р
К	А	Й	С	И	Я	Я	М	У	Н	К	С	Я	Г	Р
Л	Х	Ю	Ъ	Ф	Я	Г	М	У	Ч	Р	Ъ	М	Г	Г
А	Ц	Ю	Ж	Ъ	У	О	Д	Ц	Ъ	У	Н	Ф	П	Ц
Ж	Ь	У	Р	Ш	Ъ	Д	П	С	Л	Ш	А	Щ	К	В
Л	И	М	О	Н	Ю	А	Ф	С	У	А	Т	О	Щ	Х

КАЙСИЯ
ЕЧЕМИК
БОСИЛЕК
МОРКОВ
КАНЕЛА
ЧЕСЪН
СОК
ЛИМОН
МЛЯКО
ЛУК

ФЪСТЪК
КРУША
САЛАТА
СОЛ
СУПА
СПАНАК
ЯГОДА
ЗАХАР
ТОН
РЯПА

3 - Farm #2

П	П	Л	О	Д	О	В	Е	А	О	Л	Б	А	Б	З
А	Ц	И	В	Е	Р	А	Ц	Г	П	А	Ц	В	О	Е
Т	Ь	Р	К	Ж	Ч	У	Я	Н	Л	М	Щ	П	Ч	Л
И	Н	Е	Ь	С	Д	М	Я	Е	Я	А	А	Я	А	Е
Ц	К	Ф	Х	П	Ъ	Л	И	В	А	Д	А	Р	Ц	Н
А	Т	Ч	Г	С	Ю	Г	Ж	И	В	О	Т	Н	И	Ч
Х	К	М	В	Ц	Л	Ж	И	Я	Ч	К	Б	Н	Н	У
О	Р	Ф	Ч	Н	Й	Ф	Г	М	Т	Я	Ч	А	Е	К
Ш	О	А	Я	Б	Й	Ь	М	Б	Н	Л	Ф	П	Ш	Й
Ъ	Т	Б	Н	Щ	К	Е	Й	Р	Ь	М	Е	О	П	Й
А	К	Р	В	А	О	А	Ч	М	Ъ	Щ	Р	Я	Ь	Ж
Щ	А	И	Е	А	Ш	Ю	Ф	Е	Ъ	У	М	В	Ф	Р
Т	Р	П	Л	Й	Е	Л	Т	У	М	Т	Е	А	Е	Б
Ъ	Т	Т	П	Т	Р	В	Й	Ъ	Ш	И	Р	Н	Д	Б
Ъ	О	В	Ч	А	Р	Ю	Ь	Ю	Х	Х	К	Е	Х	С

ЖИВОТНИ
ЕЧЕМИК
ПЛЕВНЯ
КОШЕР
ЦАРЕВИЦА
ПАТИЦА
ФЕРМЕР
ХРАНА
ПЛОДОВЕ
ГЪСКИ
НАПОЯВАНЕ
АГНЕ
ЛАМА
ЛИВАДА
МЛЯКО
ОВЦА
ОВЧАР
ТРАКТОР
ЗЕЛЕНЧУК
ПШЕНИЦА

4 - Books

К	Ч	Е	И	А	Л	В	Т	П	А	П	В	И	А	И
М	И	И	Ю	С	Н	Н	Д	И	Ш	О	Ж	С	Щ	З
Б	Т	Ц	Х	Л	Т	Щ	Г	Н	К	Е	И	Е	К	О
Н	А	М	О	Р	Ъ	О	А	Т	Я	З	Ш	И	О	Б
У	Т	А	Ц	И	Н	А	Р	Т	С	И	Ф	Н	Н	Р
Н	Е	Ч	И	П	Е	В	У	И	Ш	Я	Й	Е	Т	Е
К	Л	А	Т	С	Л	Т	Т	Б	Ч	Н	С	Ч	Е	Т
О	И	В	Р	Я	Ю	О	А	П	И	Е	У	Ю	К	А
Л	Л	З	А	С	Б	Р	Р	Х	С	Т	С	Л	С	Т
Е	О	А	Г	А	Е	Б	Е	Р	Т	С	П	К	Т	Е
К	Р	К	И	Щ	Ф	Р	Т	Е	О	Е	Ъ	И	И	Л
Ц	Ю	З	Ч	П	И	Д	И	С	Р	М	Н	Р	Ш	Е
И	Н	А	Е	Г	М	О	Л	Я	И	У	Ъ	П	Л	Н
Я	Н	Р	Н	Б	Ж	С	Е	Щ	Я	К	Т	Ф	Я	П
Д	В	О	Й	С	Т	В	Е	Н	О	С	Т	Т	Ф	Б

ПРИКЛЮЧЕНИЕ
А́ВТОР
КОЛЕКЦИЯ
КОНТЕКСТ
ДВОЙСТВЕНОСТ
ЕПИЧЕН
ИСТОРИЧЕСКИ
ИЗОБРЕТАТЕЛЕН
ЛИТЕРАТУРА
РАЗКАЗВАЧ
РОМАН
СТРАНИЦА
ПОЕЗИЯ
ЧИТАТЕЛ
УМЕСТЕН
СЕРИЯ
ИСТОРИЯ
ТРАГИЧЕН

5 - Meditation

Н	Ж	Б	Г	М	У	З	И	К	А	М	Ч	У	С	Я
Ш	Т	П	Т	У	Ш	У	Ь	Г	Д	Е	Д	М	Ъ	С
Я	Й	С	Н	Д	М	И	Ъ	Е	О	Ф	Д	С	С	Н
Ф	Я	Т	О	К	И	Ь	Ю	П	Р	И	М	Т	Т	О
Т	И	Ш	И	Н	А	Ш	Ъ	В	И	Н	Б	В	Р	Т
Б	У	Д	Е	Н	Р	Д	А	Ц	Р	А	П	Е	А	А
Е	М	О	Ц	И	И	А	О	Н	П	В	А	Н	Д	Ш
Д	О	Б	Р	О	Т	А	Д	А	Е	И	Ь	М	А	Д
П	Р	И	Е	М	А	Н	Е	О	О	Ц	Л	И	Н	В
С	П	О	К	О	Е	Н	Ш	Л	Г	И	Т	С	И	И
У	Ю	Ш	Я	Ь	Ь	Н	Ж	Й	Ю	А	Б	Л	Е	Ж
Л	В	Н	И	М	А	Н	И	Е	Ч	Б	Л	И	Б	Е
П	Е	Р	С	П	Е	К	Т	И	В	А	П	Б	Ъ	Н
А	Г	М	Ч	Е	Р	С	Ю	Б	А	Х	Ъ	Щ	О	И
О	Н	Ъ	А	Ъ	Н	Г	П	Ъ	Ц	Х	Щ	Л	Ф	Е

ПРИЕМАНЕ
ВНИМАНИЕ
БУДЕН
ДИШАНЕ
СПОКОЕН
ЯСНОТА
СЪСТРАДАНИЕ
ЕМОЦИИ
БЛАГОДАРНОСТ
НАВИЦИ
ДОБРОТА
УМСТВЕН
УМ
ДВИЖЕНИЕ
МУЗИКА
ПРИРОДА
МИР
ПЕРСПЕКТИВА
ТИШИНА
МИСЛИ

6 - Days and Months

Г	А	О	У	Т	Т	Ю	С	У	О	Е	Ю	Н	Я	Б
К	Ъ	Т	Е	П	У	Е	Д	А	Ц	Й	И	Ъ	Н	Й
Ъ	А	П	Ж	Ю	Х	В	М	Г	Г	Ц	Р	Т	У	О
Т	В	Л	И	Р	П	А	Р	Я	Ф	Е	А	Й	А	Ж
Р	П	Т	Е	Г	О	Д	И	Н	А	С	У	Ч	Р	С
Ъ	О	С	О	Н	Ю	Х	Р	Ц	Н	Е	Р	И	И	Ъ
В	Н	У	И	Р	Д	О	К	Т	О	М	В	Р	И	Б
Т	Е	Г	У	Щ	Н	А	Д	Я	Р	С	Е	В	Л	О
Е	Д	В	О	О	У	И	Р	Л	Ъ	А	Ф	М	Ю	Т
Ч	Е	А	Ч	Н	Х	Т	К	Е	М	П	М	Е	Н	А
И	Л	Ф	М	Я	Б	Ж	К	Д	Ю	Х	Р	Т	Ц	Ч
Б	Н	М	Т	Ц	В	Б	Ж	Е	Ю	Ь	Д	П	Е	У
Я	И	Р	В	М	Е	О	Н	Н	Л	О	Л	Е	Й	Ъ
К	К	Т	Г	Ь	М	Е	Б	П	Х	Ч	Х	С	Р	Ч
Г	Б	П	С	Е	Д	М	И	Ц	А	Й	Ь	Б	Я	С

АПРИЛ
АВГУСТ
КАЛЕНДАР
ФЕВРУАРИ
ПЕТЪК
ЯНУАРИ
ЮЛИ
МАРТ
ПОНЕДЕЛНИК
МЕСЕЦ
НОЕМВРИ
ОКТОМВРИ
СЪБОТА
СЕПТЕМВРИ
НЕДЕЛЯ
ЧЕТВЪРТЪК
ВТОРНИК
СРЯДА
СЕДМИЦА
ГОДИНА

7 - Energy

В	Р	Ф	Х	Ф	Б	У	В	Т	В	Ц	Й	Ю	Д	И
О	О	В	И	Р	О	Г	Ъ	О	Ъ	Г	Н	Я	В	Н
Щ	Г	Д	О	Ч	Е	С	Г	П	З	Д	Щ	Л	И	Д
П	Ш	Р	О	Т	О	М	Л	Л	О	Т	Г	Д	Г	У
А	Н	И	Б	Р	У	Т	Е	И	Б	Е	Т	Г	А	С
Х	Е	Б	С	Д	О	Ц	Р	Н	Н	Н	Я	Н	Т	Т
М	Р	Г	А	Ь	Л	Д	О	А	О	А	И	И	Е	Р
Й	Д	В	Г	Т	С	Н	Д	Ж	В	В	П	З	Л	И
Б	Я	Щ	В	Й	Е	Е	Г	О	Я	Я	О	Н	Т	Я
Ж	Й	Л	Ш	Ч	И	Р	Е	Ц	Е	С	Р	Е	Д	А
О	В	М	Ф	В	Е	Ь	И	И	М	Р	Т	Б	Д	Ц
Т	А	Р	А	О	Ж	И	Ф	Я	Ш	Ъ	Н	Ч	И	Щ
Ф	Щ	Н	О	Р	Т	К	Е	Л	Е	М	Е	Я	З	М
Ю	Ф	К	В	Г	Ю	О	Щ	Р	Л	А	Ц	Б	Е	А
А	Ж	Ш	Г	У	Л	А	Н	Н	Х	З	Ц	Ь	Л	Л

БАТЕРИЯ
ВЪГЛЕРОД
ДИЗЕЛ
ЕЛЕКТРОН
ДВИГАТЕЛ
ЕНТРОПИЯ
СРЕДА
ГОРИВО
БЕНЗИН

ТОПЛИНА
ВОДОРОД
ИНДУСТРИЯ
МОТОР
ЯДРЕН
ФОТОН
ЗАМЪРСЯВАНЕ
ВЪЗОБНОВЯЕМ
ТУРБИНА

8 - Archeology

К	О	Н	С	Т	А	Т	А	Ц	И	И	В	Л	Н	Р
Ш	П	А	В	К	И	Л	Е	Р	Б	О	М	Д	Е	М
Ч	Й	Н	И	П	Е	Ч	Р	Д	Ж	Н	Я	Щ	И	Б
Щ	Х	А	Ц	О	Й	Р	Л	Щ	А	Л	И	Д	З	Л
Р	Ъ	Л	Й	Т	Р	Ш	А	К	Н	Е	Ц	О	В	Ш
Г	Щ	И	Ь	О	Ю	О	Р	М	Е	Т	А	Я	Е	Н
Д	Р	З	Ж	М	Н	Т	Е	И	В	А	З	Б	С	Ш
Р	Р	О	Р	Ъ	Щ	Б	Н	С	А	В	И	Х	Т	М
Я	А	Е	Б	К	Ж	О	И	Т	Р	О	Л	Р	Е	Л
А	Х	Щ	В	Ч	Е	Р	М	Е	Б	Д	И	П	Н	Ю
П	Ь	У	Д	Е	Ю	Х	А	Р	А	Е	В	Ь	Т	А
К	О	С	Т	И	Н	Ч	Р	И	З	Л	И	Я	А	Л
О	Б	Е	К	Т	И	П	Х	Я	Ч	С	Ц	Ь	Й	И
Е	К	С	П	Е	Р	Т	Й	С	Е	З	У	Й	Ь	Ц
Д	Р	Е	В	Н	О	С	Т	Л	Ч	И	П	Ь	Ь	С

АНАЛИЗ
ДРЕВЕН
ДРЕВНОСТ
КОСТИ
ЦИВИЛИЗАЦИЯ
ПОТОМЪК
ЕРА
ОЦЕНКА
ЕКСПЕРТ
КОНСТАТАЦИИ
ЗАБРАВЕНА
МИНЕРАЛ
МИСТЕРИЯ
ОБЕКТИ
РЕЛИКВА
ИЗСЛЕДОВАТЕЛ
ОТБОР
ХРАМ
ГРОБ
НЕИЗВЕСТЕН

9 - Food #2

П	А	Т	Л	А	Д	Ж	А	Н	Л	Ц	Ф	А	Б	Н
О	П	Ш	Е	Н	И	Ц	А	Н	И	Л	Е	Ц	А	В
К	Ъ	М	Н	Д	Щ	И	Ц	Б	К	Я	Л	Е	Н	Д
О	Ф	М	Е	О	З	Щ	М	Ж	Р	Ь	И	М	А	О
Р	С	Ю	Р	Б	И	О	Н	Д	К	О	П	Ш	Н	М
Ь	Р	П	И	Е	Р	В	Р	Ж	Т	В	К	Д	Я	А
Д	Б	Ш	С	Ь	О	Ь	Ф	Г	Б	Р	Т	О	Я	Т
А	Р	Т	И	Ш	О	К	Я	Й	Ц	Е	Ь	Ф	Л	Ф
Л	Г	Ъ	Б	А	М	Ч	А	Ч	С	Р	В	Ь	У	И
О	В	С	М	Л	Я	Б	К	Ч	С	И	Ь	А	Д	Н
К	Р	Х	Ч	Н	Н	М	Н	И	А	Б	Г	П	Н	Х
О	Р	К	Е	С	Н	Я	У	К	В	А	Р	Е	К	Ю
Ш	П	М	Ъ	С	Г	П	Ш	Ь	Г	И	Р	Ж	А	Х
М	Щ	Я	В	У	Ч	Е	Р	Е	Ш	А	Ш	С	Я	П
Я	М	Ш	И	А	Г	Я	Б	Ъ	Л	К	А	В	Л	Ж

ЯБЪЛКА
АРТИШОК
БАНАН
БРОКОЛИ
ЦЕЛИНА
СИРЕНЕ
ЧЕРЕША
ПИЛЕ
ШОКОЛАД
ЯЙЦЕ
ПАТЛАДЖАН
РИБА
ГРОЗДЕ
ШУНКА
КИВИ
ГЪБА
ОРИЗ
ДОМАТ
ПШЕНИЦА

10 - Chemistry

К	А	Т	А	Л	И	З	А	Т	О	Р	Ч	Т	О	К
Й	Л	К	И	С	Е	Л	И	Н	А	Л	Ц	Ю	Р	В
Т	Й	Р	Ъ	О	Ф	И	К	Н	Д	Е	Х	Х	Г	В
Р	О	Л	Х	Ъ	Д	О	Р	О	Л	С	И	К	А	О
Т	У	П	Я	Д	Р	Е	Н	Р	Л	А	Л	Н	Н	Д
Ь	Е	А	Л	О	С	Ф	Д	Т	П	Й	Т	Ц	И	О
Т	Й	М	П	И	С	Т	Ц	К	А	А	Е	Т	Ч	Р
М	Е	Й	П	Н	Н	З	Р	Е	Ю	У	А	Ю	Н	О
А	Щ	Ч	Е	Е	И	А	Н	Л	А	К	Л	А	И	Д
П	Й	Ц	Н	М	Р	Г	Ф	Е	Е	Н	З	И	М	Г
А	Л	Й	С	О	Л	А	Л	У	К	Е	Л	О	М	Й
Ж	П	Е	Ц	Т	С	У	Т	Т	Е	Г	Л	О	Д	О
Е	Ф	Р	И	А	И	Т	Т	У	А	Ъ	И	С	С	Н
К	Ь	Ч	А	Р	Е	Ч	Д	О	Р	Е	Л	Г	Ъ	В
Т	Ь	Ф	Г	Ч	Й	Ш	Г	Х	Ц	А	Ц	У	И	П

КИСЕЛИНА
АЛКАЛНА
АТОМЕН
ВЪГЛЕРОД
КАТАЛИЗАТОР
ХЛОР
ЕЛЕКТРОН
ЕНЗИМ
ГАЗ
ТОПЛИНА
ВОДОРОД
ЙОН
ТЕЧНОСТ
МОЛЕКУЛА
ЯДРЕН
ОРГАНИЧНИ
КИСЛОРОД
СОЛ
ТЕМПЕРАТУРА
ТЕГЛО

11 - Music

С	Я	Ц	А	Д	Ц	М	А	Л	Б	У	М	И	Е	Ю
Х	О	Р	Ъ	Ф	Я	И	Д	О	Л	Е	М	Н	К	Щ
О	Р	Н	Е	Л	А	К	И	З	У	М	К	С	Л	У
Л	Т	Ю	М	Р	С	Р	Т	Ф	Щ	П	Н	Т	Е	Ю
К	Ф	Н	Б	У	М	О	Ч	Л	Я	Е	П	Р	К	Й
Л	Л	Е	А	Ш	Ъ	Ф	Х	Л	С	В	Ъ	У	Т	Ъ
А	Н	Ч	Л	К	Т	О	Ю	А	Ц	Е	А	М	И	П
С	И	И	А	Ъ	И	Н	Г	К	Р	Ц	А	Е	Ч	Ж
И	Т	Т	Д	Н	Р	З	Ь	О	Л	М	В	Н	Е	Ь
Ч	Б	Е	А	Б	А	Й	У	В	Ф	Ъ	О	Т	Н	Г
Е	Л	О	Р	Н	Е	Ч	И	М	Т	И	Р	Н	С	У
С	М	П	Е	Л	И	Р	И	Ч	Е	Н	Ф	М	И	Т
К	Н	Й	П	Ь	О	Ь	Б	В	П	Ш	Н	Ч	П	Я
И	Ю	М	О	И	П	У	В	У	О	Ь	Й	Е	А	К
У	С	А	Ш	Я	Ю	Ф	Е	Л	Ь	Т	И	В	З	К

АЛБУМ
БАЛАДА
ХОР
КЛАСИЧЕСКИ
ЕКЛЕКТИЧЕН
ХАРМОНИЯ
ИНСТРУМЕНТ
ЛИРИЧЕН
МЕЛОДИЯ
МИКРОФОН
МУЗИКАЛЕН
МУЗИКАНТ
ОПЕРА
ПОЕТИЧЕН
ЗАПИС
РИТЪМ
РИТМИЧЕН
ПЕЯ
ПЕВЕЦ
ВОКАЛ

12 - Family

У	К	Ч	И	Ч	О	И	Г	Д	О	Л	Б	Р	Н	Г
Д	И	Й	М	Б	Г	У	Р	П	Ъ	С	И	Р	Л	А
Х	Н	Щ	Г	С	Ъ	В	Ф	Ъ	А	Щ	А	Б	А	Д
С	Е	С	Т	Р	А	Д	Я	Д	О	В	Е	П	Б	Т
А	В	Б	Е	С	Ц	Х	Л	Щ	Ц	Н	Я	Р	Я	Ч
П	Т	Д	А	Н	Е	Ж	Е	Ц	Л	У	Е	Ч	Я	Я
И	С	Е	К	Щ	Д	Б	Л	А	Г	К	Т	П	К	И
М	Е	Т	Й	Д	И	Б	Р	А	Т	О	В	Ч	Е	Д
А	Ш	Е	А	Е	А	Н	К	П	Ш	У	Ъ	Ю	Й	И
Й	Д	Ч	М	Т	Е	Ю	А	Е	Т	Н	О	Ф	Й	Ш
Ч	Е	Ч	Н	С	П	Л	Е	М	Е	Н	Н	И	К	Ъ
И	Р	Ъ	И	Т	И	Ж	К	О	Ч	Ц	О	К	К	В
Н	П	У	Л	В	Ц	У	Ш	К	Х	Ъ	О	Ч	Д	Ш
А	С	Р	М	О	В	Н	А	Г	К	С	Ь	Ь	Р	Ю
П	Л	Е	М	Е	Н	Н	И	Ц	А	Д	Ф	Ъ	Ш	В

ПРЕДШЕСТВЕНИК
ЛЕЛЯ
БРАТ
ДЕТЕ
ДЕТСТВО
ДЕЦА
БРАТОВЧЕД
ДЪЩЕРЯ
БАЩА
ДЯДО
ВНУК
СЪПРУГ
МАЙЧИН
МАЙКА
ПЛЕМЕННИК
ПЛЕМЕННИЦА
БАЩИНА
СЕСТРА
ЧИЧО
ЖЕНА

13 - Farm #1

Ъ	В	П	Р	Ц	Т	Ь	О	Н	Е	С	Й	Д	А	Г
Н	Ч	О	М	М	Е	Д	Д	Г	Г	Ц	Ж	П	Х	Ж
М	М	Л	Б	Ь	Щ	О	А	Ш	Р	А	Й	И	Т	Т
Ш	Х	Е	Т	М	Ъ	О	Т	Д	Л	А	З	О	К	О
А	А	К	К	Ф	А	А	С	Т	Ъ	В	Д	Е	С	С
Р	П	Б	О	Ж	Ф	Г	Ю	Т	У	А	У	А	Е	Ц
Г	И	Р	Н	Д	Б	Ъ	А	Н	А	Р	В	С	М	Ъ
В	О	Д	А	Щ	Н	О	И	Р	Ж	К	Ж	У	Е	Т
Ч	Е	Ш	А	В	Ш	П	З	Ч	Е	М	К	Б	Н	Д
Л	А	Е	Ю	Ь	Б	Р	И	Г	С	Ф	У	Д	А	А
Л	А	Ъ	Щ	П	Щ	Е	Р	Л	Й	Л	Ч	Ш	Д	Я
П	Ч	Е	Л	А	К	Т	О	К	Е	Л	Е	Т	Н	О
Ш	С	Х	Ц	Ц	О	Т	И	Ц	Л	У	Т	Ь	Н	Ц
Ю	Ъ	Ц	Ю	Т	Ъ	О	И	П	С	Б	И	З	О	Н
Ф	Р	Х	Ъ	Я	И	Р	Ч	А	Я	Ч	Ш	Ж	К	Ц

ПЧЕЛА
БИЗОН
ТЕЛЕ
КОТКА
ПИЛЕ
КРАВА
ВРАНА
КУЧЕ
МАГАРЕ
ОГРАДА
ТОР
ПОЛЕ
СТАДО
КОЗА
СЕНО
МЕД
КОН
ОРИЗ
СЕМЕНА
ВОДА

14 - Camping

П	Н	З	Д	П	К	Н	К	А	Б	И	Н	А	Б	Ч
А	Ч	А	Ъ	Р	Т	А	А	Н	И	Н	А	Л	П	М
Л	С	Б	Р	И	С	Ч	Р	С	А	П	М	О	К	Л
А	Щ	А	В	К	П	Х	О	Т	Е	Ж	Ъ	В	К	У
Т	Ш	В	Е	Л	Ъ	Д	У	Н	А	К	Ш	О	Р	Н
К	А	Л	Т	Ю	И	К	Е	И	Р	Х	О	Л	У	А
А	П	Е	А	Ч	П	Р	И	Р	О	Д	А	М	П	П
П	К	Н	Щ	Е	Х	Й	У	Ш	Г	Ж	Ъ	Е	О	Ц
Ш	А	И	А	Н	Щ	А	В	К	Е	Й	Х	Л	Р	Ч
Д	П	Е	Я	И	У	Ц	М	Т	У	Ш	П	Д	Е	Ж
Ж	Н	Р	Х	Е	Ь	Ъ	Й	А	Н	Е	Б	Ц	З	Й
В	Г	Я	Ю	Ф	О	Т	Ю	А	К	К	Х	М	Е	Ь
Ш	С	А	О	Г	Ъ	Н	Р	О	Щ	Ю	Д	Ч	Н	И
Р	Ф	Ж	И	В	О	Т	Н	И	Ъ	Ж	Ь	Ф	Ц	С
Р	Ъ	Ш	К	Е	Ъ	Щ	У	О	Е	Т	А	Т	Н	Щ

ПРИКЛЮЧЕНИЕ
ЖИВОТНИ
КАБИНА
КАНУ
КОМПАС
ОГЪН
ГОРА
ЗАБАВЛЕНИЕ
ХАМАК
ШАПКА
ЛОВ
НАСЕКОМО
ЕЗЕРО
КАРТА
ЛУНА
ПЛАНИНА
ПРИРОДА
ВЪЖЕ
ПАЛАТКА
ДЪРВЕТА

15 - Algebra

М	Ч	Ж	М	К	С	О	П	Р	О	С	Т	И	Н	П
М	Ш	Ю	О	В	Т	С	Е	Ч	И	Л	О	К	Е	Р
У	А	Б	Ц	П	Е	Д	И	А	Г	Р	А	М	А	О
Р	Щ	Т	Л	Ц	П	О	Х	С	Й	Ф	Н	Е	Р	М
А	Г	Ф	Р	Щ	Е	Ж	Ф	Д	Ь	Ф	О	Л	К	Е
В	Ц	Р	Б	И	Н	В	Л	О	М	И	М	Б	З	Н
Н	Г	А	В	Ъ	Ц	Р	А	Ъ	Р	А	Е	О	Е	Л
Е	Л	К	Г	Л	Ж	А	Е	Н	А	М	Р	Р	Б	И
Н	И	Ц	Р	Ч	Д	Р	Е	Ш	К	Й	У	П	С	В
И	Н	И	А	Г	К	Л	Й	Р	Е	Б	Ч	Л	Ч	С
Е	Е	Я	Ф	Ф	А	К	Т	О	Р	Н	Ъ	Ш	А	К
Ь	Е	Ф	И	Ф	А	Л	Ш	И	В	Л	И	С	Ъ	О
Ъ	Н	О	К	Н	У	Л	А	Ю	К	П	Й	Е	Х	Б
И	Я	М	А	И	З	В	А	Ж	Д	А	Н	Е	Л	И
Ю	Й	Ж	Ц	Щ	Я	Р	Г	Т	П	В	Ъ	Ь	Й	А

ДИАГРАМА
УРАВНЕНИЕ
СТЕПЕН
ФАКТОР
ФАЛШИВ
ФОРМУЛА
ФРАКЦИЯ
ГРАФИКА
БЕЗКРАЕН
ЛИНЕЕН

МАТРИЦА
НОМЕР
СКОБИ
ПРОБЛЕМ
КОЛИЧЕСТВО
ОПРОСТИ
РЕШЕНИЕ
ИЗВАЖДАНЕ
ПРОМЕНЛИВ
НУЛА

16 - Numbers

П	Г	Л	У	И	С	И	Д	Г	Ш	Г	А	С	Ч	Д
Д	Т	Е	П	Е	Ъ	У	А	Ш	Й	Й	Я	Е	Е	В
Т	Е	С	Е	Д	А	Н	А	В	Д	Ю	Т	Д	Т	А
Ш	С	С	Х	И	Ъ	Н	У	Т	Ш	И	Е	Е	И	Д
Ч	Е	А	Е	Р	Д	Е	С	Е	Т	Т	С	М	Р	Е
Я	Д	С	М	Т	И	Т	Н	К	Г	И	Е	Н	И	С
И	А	С	Т	П	И	Р	И	Т	Е	Ч	Д	А	Н	Е
Т	Н	Л	Ъ	Н	Г	Ч	Д	Б	Н	К	А	Д	А	Т
Е	Т	Я	М	Е	А	Р	Е	Н	Е	Е	Н	Е	Д	Д
А	Е	Т	Е	С	Е	Д	А	Н	И	Р	Т	С	Е	В
О	В	Ш	Д	А	Д	О	Е	П	Ь	Т	Е	Е	С	Е
Т	Е	В	Е	Д	Щ	Л	Х	С	С	В	П	Т	Е	О
Е	Д	Р	С	С	Й	Р	У	Щ	Е	О	У	Т	Т	С
Ь	У	Н	Н	Ц	Т	П	К	Г	Ж	Т	Г	К	М	Е
О	С	Е	М	Н	А	Д	Е	С	Е	Т	У	Й	Щ	М

ДЕСЕТИЧЕН
ОСЕМ
ОСЕМНАДЕСЕТ
ПЕТНАДЕСЕТ
ПЕТ
ЧЕТИРИ
ЧЕТИРИНАДЕСЕТ
ДЕВЕТ
ДЕВЕТНАДЕСЕТ
ЕДИН
СЕДЕМ
СЕДЕМНАДЕСЕТ
ШЕСТ
ШЕСТНАДЕСЕТ
ДЕСЕТ
ТРИНАДЕСЕТ
ТРИ
ДВАНАДЕСЕТ
ДВАДЕСЕТ
ДВЕ

17 - Spices

К	Г	С	К	Ф	Б	К	Р	А	К	Ш	П	Я	Г	В
Ш	Ч	И	Л	Я	Ж	Р	Н	Г	П	Ъ	Ц	А	О	А
Ь	Р	Ъ	М	Ч	Щ	Щ	Й	А	Ч	Е	Р	В	Р	Н
С	Ч	Е	С	Ъ	Н	Я	Б	Д	С	Л	В	И	Ч	И
К	О	М	Р	М	Ц	Е	Х	К	Г	И	Ж	Л	И	Л
И	Е	Л	Н	Ш	А	Ф	Р	А	Н	Б	П	И	В	И
М	Г	В	М	Х	В	К	У	С	Ш	О	В	Ф	К	Я
И	К	О	Р	И	А	Н	Д	Ъ	Р	К	С	М	М	М
О	Щ	В	Ц	Ю	Ъ	Е	Е	О	Х	С	Е	А	А	Я
Н	Ф	Ф	К	А	Н	Е	Л	А	Ю	Н	Е	Р	Н	Д
К	А	Р	Д	А	М	О	Н	Г	Н	Е	С	А	Ш	А
Л	И	Ф	И	Ж	Д	Н	И	Ж	Д	Ж	Ц	К	Ф	Ф
У	Ч	Е	Р	В	Е	Н	П	И	П	Е	Р	Я	В	Ч
К	Р	Ф	В	Щ	Ж	К	О	П	Ъ	Р	Е	П	И	П
Х	П	С	Л	А	Д	Ъ	К	И	Ч	Ж	Б	Ф	Ш	Т

АНАСОН
ГОРЧИВ
КАРДАМОН
КАНЕЛА
КАРАМФИЛ
КОРИАНДЪР
КИМИОН
КЪРИ
КОПЪР
ВКУС
ЧЕСЪН
ДЖИНДЖИФИЛ
ЖЕНСКО БИЛЕ
ЛУК
ЧЕРВЕН ПИПЕР
ПИПЕР
ШАФРАН
СОЛ
СЛАДЪК
ВАНИЛИЯ

18 - Universe

О	А	Д	П	З	О	Д	И	А	К	Р	А	А	А	К
Е	Н	Е	О	Т	С	Е	Ц	Н	Ъ	Л	С	Т	С	О
Я	И	Л	К	О	П	Н	Е	Б	Е	В	Т	М	Т	С
Ю	Р	П	С	П	Р	О	У	Й	М	Я	Е	О	Р	М
Г	И	Х	Е	Б	Ж	Б	Л	А	Г	Н	Р	С	О	И
Ш	Ш	П	Л	Ш	Й	Ю	И	У	Е	Д	О	Ф	Н	Ч
С	Г	Щ	Е	Е	А	Ъ	Ф	Т	К	Г	И	Е	О	Е
Р	Л	В	Т	В	И	Д	И	М	А	Ъ	Д	Р	М	С
Ф	У	Ъ	Т	Ъ	М	Н	И	Н	А	Ч	Л	А	Д	К
Ь	Ж	Ъ	Н	Л	У	Н	А	О	Ч	Ь	Ц	Б	Ш	И
С	Я	Г	Щ	Ч	Н	Е	Б	Е	С	Е	Н	Ю	О	Й
Б	Ч	С	П	Б	Е	Е	К	В	А	Т	О	Р	Б	В
А	Р	Ъ	С	Ч	Я	В	Н	Ь	Т	Ш	Е	В	Г	Н
Х	О	Р	И	З	О	Н	Т	Й	Е	У	К	Ь	Р	С
А	С	Т	Р	О	Н	О	М	И	Я	Т	П	Б	Ц	П

АСТЕРОИД
АСТРОНОМ
АСТРОНОМИЯ
АТМОСФЕРА
НЕБЕСЕН
КОСМИЧЕСКИ
ТЪМНИНА
ЕКВАТОР
ПОЛУКЪЛБО
ХОРИЗОНТ
ШИРИНА
ЛУНА
ОРБИТА
НЕБЕ
СЛЪНЧЕВ
СЛЪНЦЕСТОЕНЕ
ТЕЛЕСКОП
ВИДИМ
ЗОДИАК

19 - Mammals

Д	Ъ	П	П	Л	Б	М	О	Г	И	Л	Щ	Х	З	Й
А	Ф	Й	М	А	И	О	Е	Б	Б	Е	Й	Н	А	Ъ
Ъ	Р	И	Н	О	Л	С	Б	Ч	Д	Л	Щ	В	Е	Ю
К	У	Ч	Е	В	Ю	К	И	Ъ	К	Л	Ъ	В	К	Л
И	Р	М	Е	Ц	Я	О	С	Ц	Р	А	К	Т	О	К
Б	У	Р	А	А	С	Н	К	Ж	А	Н	Р	О	А	Х
Й	Г	Ь	Ф	Л	Ф	И	Т	И	К	У	Ю	Й	М	Ф
К	Н	Ш	Н	И	Х	Ф	Ъ	Р	Ж	М	Ь	О	Щ	Ь
Н	Е	Ч	Л	Р	А	Л	Ь	А	Ю	Й	Ю	К	Г	С
У	К	Я	Ъ	О	Н	Е	Е	Ф	Й	А	И	Ф	Л	Л
И	Т	Р	В	Г	Б	Д	К	В	Б	М	Щ	В	Й	А
Р	Ж	Ч	С	Ц	Я	Е	Р	Ь	А	Щ	Н	Я	Б	Е
Г	С	У	О	Г	П	К	В	М	Ф	Г	И	Х	О	Х
Е	К	Ш	Ю	У	Ь	У	Щ	А	Ц	М	Ъ	В	Н	А
Й	Ю	З	Е	Б	Р	А	Ь	Т	Т	И	С	Я	Л	Н

МЕЧКА
БОБЪР
БИК
КОТКА
КОЙОТ
КУЧЕ
ДЕЛФИН
СЛОН
ЛИСИЦА
ЖИРАФ
ГОРИЛА
КОН
КЕНГУРУ
ЛЪВ
МАЙМУНА
ЗАЕК
ОВЦА
КИТ
ВЪЛК
ЗЕБРА

20 - Fishing

Ц	У	А	К	Е	Р	С	Ч	И	Ь	Щ	Щ	П	О	Е
Ч	П	Ц	П	Л	А	Ж	Ъ	К	Р	Ч	М	Р	К	Ш
Ъ	У	И	Н	З	Е	В	Ч	Р	У	В	Ь	Е	Е	В
А	У	Н	Х	Р	И	Л	Е	Е	И	К	Л	У	А	Ц
Ж	А	Ш	Г	М	П	Й	Т	П	Х	Я	А	В	Н	В
О	Б	О	Р	У	Д	В	А	Н	Е	Х	Д	Е	Т	Г
Л	Д	К	П	Т	П	Ъ	Ъ	Ъ	У	Ж	О	Л	О	Ь
Г	О	Т	О	Ф	Ь	Й	О	Р	Е	Д	В	И	Ч	С
Е	И	Д	О	И	Г	Б	Р	Д	Т	С	Т	Ч	Ю	Ф
Т	О	И	К	А	О	П	Л	Б	Р	С	О	Е	И	Й
Щ	Ч	Ц	А	А	Т	Т	С	Ц	Н	О	Е	Н	У	А
Л	Й	Е	Е	Х	В	Ь	Б	Х	Ъ	Й	З	И	А	Ч
И	Ш	Ч	Л	Г	Я	М	Р	У	Щ	Б	Е	Е	У	К
С	Е	З	О	Н	Ч	Е	Л	Ю	С	Т	Р	Б	Б	Щ
П	Т	Ъ	Р	П	Е	Н	И	Е	Ъ	Г	О	Й	Й	Т

СТРЪВ
КОШНИЦА
ПЛАЖ
ЛОДКА
ГОТВЯ
ОБОРУДВАНЕ
ПРЕУВЕЛИЧЕНИЕ
ПЕРКИ
ХРИЛЕ
КУКА
ЧЕЛЮСТ
ЕЗЕРО
ОКЕАН
ТЪРПЕНИЕ
РЕКА
ВЕЗНИ
СЕЗОН
ВОДА
ТЕГЛО

21 - Bees

И	Б	Ц	Л	О	М	О	К	Е	С	А	Н	К	Ф	Р
Я	Н	Е	Ь	Я	П	А	С	Ч	Ю	Н	Ш	О	А	А
У	Т	Ж	П	М	Д	Р	П	Ц	Д	А	Ж	Ш	Ю	З
В	Я	И	Н	Е	Т	С	А	Р	Ц	Р	Д	Е	П	Н
Л	Я	А	Н	Ь	К	Л	Л	Ш	Т	Х	Д	Р	Д	О
П	Я	Ъ	А	Ж	Я	Ъ	О	Ц	И	Т	А	Ш	К	О
К	Л	О	Н	Х	О	Н	С	А	Я	Т	Е	В	Ц	Б
Р	К	О	И	Ч	Р	Ц	Й	О	Ь	И	Е	К	Ь	Р
А	Р	Н	Д	Е	М	Е	Л	Д	В	Ц	Р	Л	Р	А
Л	И	З	А	О	Ю	С	Ш	В	М	Ч	Ш	Х	А	З
И	Л	Е	Р	С	В	П	Р	А	Ш	Е	Ц	Ж	Ч	И
Ц	А	Л	Г	А	М	Е	Т	С	И	С	О	К	Е	Е
А	Д	О	Ъ	С	И	Д	Ф	К	Н	Г	И	О	Ш	Ч
Г	Я	П	Ж	Ж	Д	В	Ц	Д	Г	Й	Ш	Ф	Ь	У
Ц	С	Д	И	Ъ	И	Ъ	Й	К	Ь	Н	Й	Ю	Х	Ф

ПОЛЕЗНО
РАЗНООБРАЗИЕ
ЕКОСИСТЕМА
ЦВЕТЯ
ХРАНА
ПЛОДОВЕ
ГРАДИНА
КОШЕР
МЕД
НАСЕКОМО
РАСТЕНИЯ
ПРАШЕЦ
ОПРАШИТЕЛ
КРАЛИЦА
ДИМ
СЛЪНЦЕ
РОЯК
ВОСЪК
КРИЛА

22 - Weather

Ъ	Л	Г	Т	Ф	Ю	Ь	Б	Ю	Л	Б	Ц	Ц	И	П
К	Ц	Щ	Г	Р	Ъ	Т	Я	В	Ж	Ю	Я	У	А	О
К	А	Л	Б	О	О	Ъ	П	Т	Ж	И	С	М	Т	Г
Г	Р	Ъ	М	Ш	В	П	В	Ъ	Т	К	У	А	М	Л
С	У	Л	Н	Е	Б	Е	И	Ц	Г	У	Н	С	О	Ц
Х	Т	Ш	Е	Ф	М	Н	С	Ч	Ж	С	Р	Ф	С	Ш
Ю	А	Г	Ъ	Д	Г	У	П	Ф	Е	Л	О	Н	Ф	Ю
Я	Р	У	Б	Ю	Ъ	Е	М	С	Ю	С	Н	Ж	Е	Ю
Ъ	Е	Т	О	Р	Н	А	Д	О	Р	О	К	О	Р	Л
Ш	П	Я	И	Д	М	Л	Ю	Х	Р	Ч	Г	И	А	Г
М	М	Н	А	Г	А	Р	У	У	Ф	Е	Ю	Ч	Ч	Ф
У	Е	К	Л	И	М	А	Т	С	П	О	К	О	Е	Н
С	Т	Я	Г	Д	К	Л	Ш	П	О	Л	Я	Р	Н	И
О	Б	Ч	Ъ	Р	Н	С	Й	У	Ь	Т	С	М	В	Ф
Н	Ф	Ш	М	Ч	П	Б	Ш	Р	С	Д	Р	Р	Б	Щ

АТМОСФЕРА
СПОКОЕН
КЛИМАТ
ОБЛАК
СУША
СУХ
МЪГЛА
УРАГАН
ЛЕД
ЦИП
МУСОН
ПОЛЯРНИ
ДЪГА
НЕБЕ
БУРЯ
ТЕМПЕРАТУРА
ГРЪМ
ТОРНАДО
ТРОПИЧЕСКИ
ВЯТЪР

23 - Adventure

М	Ж	К	Е	К	С	К	У	Р	З	И	Я	Е	Д	Н
О	Я	К	Р	Т	Р	У	Д	Н	О	С	Т	Н	Е	А
Д	Н	Я	Ф	А	Д	О	Р	И	Р	П	В	Т	С	В
Щ	Е	Ж	И	Ш	С	Л	Я	Е	У	П	Ъ	У	Т	И
У	С	Й	Ш	Х	Ь	О	Н	Б	Ю	О	З	С	И	Г
Б	А	Ф	Н	Г	Е	И	Т	О	В	Д	М	И	Н	А
Ъ	П	Н	Е	О	Т	Л	У	А	В	Г	О	А	А	Ц
Й	О	Х	У	О	С	Е	Р	И	Ш	О	Ж	З	Ц	И
Г	Л	Ь	Ю	Б	Т	Т	Ш	Т	А	Т	Н	Ъ	И	Я
Х	Н	Н	Б	Т	Ф	Я	Р	В	Н	О	О	М	Я	Н
П	Ъ	Т	У	В	А	И	А	М	С	В	С	И	И	Л
П	Ж	Ю	У	А	Ц	Р	М	К	Л	К	Т	Х	А	Ъ
Ь	Ю	И	В	Ъ	Й	П	Х	Щ	И	А	П	У	У	В
Б	Е	З	О	П	А	С	Н	О	С	Т	М	Г	Р	А
Р	Ю	Щ	В	Р	А	Д	О	С	Т	Р	Е	Ф	В	Р

ДЕЙНОСТ
КРАСОТА
ШАНС
ОПАСЕН
ДЕСТИНАЦИЯ
ТРУДНОСТ
ЕНТУСИАЗЪМ
ЕКСКУРЗИЯ
ПРИЯТЕЛИ
МАРШРУТ
РАДОСТ
ПРИРОДА
НАВИГАЦИЯ
НОВ
ВЪЗМОЖНОСТ
ПОДГОТОВКА
БЕЗОПАСНОСТ
ПЪТУВА

24 - Restaurant #2

Ж	Д	Ф	С	А	Л	А	Т	А	Ж	И	Н	Т	В	О
Ю	Ч	Т	Р	В	О	И	Ч	Г	Р	Я	О	Ц	О	Г
У	Х	Г	Й	Я	С	Ц	А	Й	К	Т	Ц	Й	Д	Л
Л	А	Д	А	Й	Ъ	У	М	Ч	Ю	Л	Е	Д	А	Я
О	Б	Я	Д	Ц	О	Ч	П	Т	Ф	И	Д	Ъ	Ц	А
Х	Р	Л	Ф	А	Ж	Н	В	А	К	Т	И	П	А	Н
Х	Н	Ц	П	Х	Ц	Е	Е	У	А	Б	И	Р	К	Ъ
В	К	У	С	Е	Н	Л	Ч	П	Х	Ь	Б	Ш	С	Ц
Л	Ъ	Ж	И	Ц	А	Е	Е	Ь	Л	В	Ъ	О	О	У
Б	И	С	Ъ	Х	О	З	Р	А	Ь	О	Т	Ф	Б	Ч
М	Ж	Я	Т	Ю	В	Л	Я	У	Б	Ц	Д	К	Ъ	К
Ч	О	Й	Р	О	Ь	Т	И	В	Р	Е	С	О	Д	Я
С	Т	О	Л	Т	Р	С	В	И	Л	И	Ц	А	В	Р
Б	Д	Ъ	У	И	Е	Т	Ь	И	Т	К	Й	Й	И	Е
Ф	А	Г	Е	И	К	В	А	Р	П	Д	О	П	Е	Ь

НАПИТКА
ТОРТА
СТОЛ
ВКУСЕН
ВЕЧЕРЯ
ЯЙЦА
РИБА
ВИЛИЦА
ПЛОДОВЕ
ЛЕД
ОБЯД
ЮФКА
САЛАТА
СОЛ
СУПА
ПОДПРАВКИ
ЛЪЖИЦА
ЗЕЛЕНЧУЦИ
СЕРВИТЬОР
ВОДА

25 - Geology

Х	Й	Т	Т	И	Т	К	А	Л	А	Т	С	П	Х	Ч
В	У	Л	К	А	Н	Й	О	Т	А	Л	П	Е	Щ	Ф
Д	Н	Г	Ч	К	Р	К	Ц	Р	А	В	К	Щ	К	Б
К	Р	И	С	Т	А	Л	И	Ц	А	Я	Ъ	Е	З	Ч
С	Ч	Л	Б	Ф	Х	М	Я	В	И	Л	У	Р	Е	Т
Л	Х	А	Е	Ъ	Т	Й	И	Ь	Ъ	К	А	А	М	Р
О	Ч	Р	Ь	К	Ц	Ж	З	Н	Р	Б	Л	И	Е	Л
Й	Ж	Е	У	И	Ж	М	О	Р	Е	С	Ц	И	Т	А
В	С	Н	Ъ	С	Ч	Б	Р	Ц	З	Р	Ж	К	Р	В
М	О	И	П	Е	С	Н	Е	Ш	Й	Е	А	Ж	Е	А
У	Л	М	Х	Л	П	Ш	Ь	Ь	Е	Ф	Г	Л	С	Б
Ю	Ц	Т	Г	И	Ш	Е	О	П	Г	Т	Е	М	Е	П
Ь	И	Р	Г	Н	К	А	Л	Ц	И	Й	Я	Т	Н	О
Р	Ф	Р	Х	А	К	А	М	Ъ	К	Я	Л	Е	И	Ш
П	А	К	О	Н	Т	И	Н	Е	Н	Т	А	С	Е	Ф

КИСЕЛИНА
КАЛЦИЙ
ПЕЩЕРА
КОНТИНЕНТ
КОРАЛ
КРИСТАЛИ
ЦИКЛИ
ЗЕМЕТРЕСЕНИЕ
ЕРОЗИЯ
МИНЕРАЛ

ГЕЙЗЕР
ЛАВА
СЛОЙ
МИНЕРАЛИ
ПЛАТО
КВАРЦ
СОЛ
СТАЛАКТИТ
КАМЪК
ВУЛКАН

26 - House

Г	П	Ц	Х	Ф	Ь	Л	П	О	В	П	Ь	К	Ц	Б
Ь	Р	Ц	Ь	Б	Ф	Ю	О	Б	О	Р	Ю	Л	Ц	Т
Б	Ц	А	Н	Е	Т	С	К	И	Г	О	Ю	Ю	Ъ	А
С	Ц	Н	Д	О	Т	А	Р	Б	Л	З	Ш	Ч	Л	В
Н	Й	И	Б	И	Т	Й	И	Л	Е	О	П	О	Л	А
Т	Ч	М	Х	Щ	Н	И	В	И	Д	Р	Ь	В	Д	Н
Ю	Х	А	М	М	Д	А	Ь	О	А	Е	Ч	Е	В	Ю
М	П	К	Я	Г	Ъ	В	С	Т	Л	Ц	Ч	И	В	Ч
П	Е	К	У	Х	Н	Я	Г	Е	О	Я	П	М	Щ	Т
Н	Ж	Т	О	У	У	О	В	К	Ю	К	Т	У	Ш	Щ
А	Х	Ч	Л	Г	Ж	А	Р	А	Г	О	Д	У	Ш	К
С	У	В	Ж	А	Т	Е	А	Д	А	Р	Г	О	Й	Ь
Е	Т	Ь	Р	Т	Ц	Л	Т	М	Е	Б	Е	Л	И	Б
Г	А	А	П	М	А	Л	А	Ь	И	Ф	Ш	Й	Я	Т
В	И	Р	Я	Е	Г	А	П	Е	Р	Д	Е	Т	А	Ь

ТАВАН
МЕТЛА
ПЕРДЕТА
ВРАТА
ОГРАДА
КАМИНА
ЕТАЖ
МЕБЕЛИ
ГАРАЖ
ГРАДИНА
КЛЮЧОВЕ
КУХНЯ
ЛАМПА
БИБЛИОТЕКА
ОГЛЕДАЛО
ПОКРИВ
СТАЯ
ДУШ
СТЕНА
ПРОЗОРЕЦ

27 - Physics

П	У	Х	С	К	Х	О	Я	Е	Г	Г	Ф	Д	Ц	А
Л	С	Р	А	Р	Р	Т	Д	Ь	Б	Л	Г	З	А	Г
Ъ	К	А	Л	О	Т	Н	Г	В	Ф	Д	О	М	К	Ш
Т	О	З	У	М	С	О	Г	О	И	Н	Г	Ъ	И	Ъ
Н	Р	Ш	М	Н	О	С	Е	Ш	К	Г	Ю	З	Н	М
О	Е	И	Р	Х	Р	И	Л	М	С	У	А	И	А	Ъ
С	Н	Р	О	Р	О	Т	Е	Й	Е	Д	Ц	Т	Х	Ш
Т	И	Я	Ф	Г	К	Е	К	Ф	Ч	Ь	И	Е	Е	А
Ч	Е	В	Й	Т	С	Л	Т	Т	И	Н	Т	Н	М	Л
М	Б	А	Й	Т	О	Н	Р	М	М	Д	С	Г	П	У
Щ	Р	Н	П	М	Ю	О	О	Ь	И	О	А	А	Я	К
В	О	Е	Б	О	О	С	Н	Ц	Х	О	Ч	М	Д	Е
К	Ъ	С	П	И	Щ	Т	Ц	М	А	С	А	П	Р	Л
У	Н	И	В	Е	Р	С	А	Л	Е	Н	Х	Я	Е	О
Ч	Е	С	Т	О	Т	А	М	Ю	Х	М	Ю	А	Н	М

УСКОРЕНИЕ
АТОМ
ХАОС
ХИМИЧЕСКИ
ПЛЪТНОСТ
ЕЛЕКТРОН
ДВИГАТЕЛ
РАЗШИРЯВАНЕ
ФОРМУЛА
ЧЕСТОТА
ГАЗ
МАГНЕТИЗЪМ
МАСА
МЕХАНИКА
МОЛЕКУЛА
ЯДРЕН
ЧАСТИЦА
ОТНОСИТЕЛНОСТ
УНИВЕРСАЛЕН
СКОРОСТ

28 - Dance

К	И	З	Р	А	З	И	Т	Е	Л	Е	Н	У	О	А
М	У	Я	В	К	Я	И	Ц	И	Т	Е	П	Е	Р	К
Т	Л	Л	Д	В	И	Ж	Е	Н	И	Е	Д	А	И	А
Р	Р	В	Т	В	И	З	У	А	Л	Е	Н	И	Т	Д
А	Ь	А	Х	У	А	И	М	У	З	И	К	А	Ъ	Е
Д	П	Я	Д	Ь	Р	Б	З	В	Х	Ш	Т	Ч	М	М
О	Ц	Н	Л	И	Ф	А	Ь	К	И	Х	Ъ	О	Н	И
С	В	И	Т	Ч	Ц	Н	Е	Р	У	Т	Л	У	К	Я
Т	Д	Д	П	Ь	Ь	И	Б	Т	М	С	Ч	Р	Х	К
Е	П	О	З	А	Ъ	Ш	О	Ь	Б	Ж	Т	И	А	М
Н	Е	М	О	Ц	И	Я	Ж	Н	И	Е	А	В	В	Т
Б	Л	А	Г	О	Д	А	Т	Б	Е	Л	И	К	О	Я
П	А	Р	Т	Н	Ь	О	Р	Х	С	Н	Й	О	Ж	Л
Х	О	Р	Е	О	Г	Р	А	Ф	И	Я	Ь	Ц	Ъ	О
К	Л	А	С	И	Ч	Е	С	К	И	Щ	Х	Б	Ц	Т

АКАДЕМИЯ
ИЗКУСТВО
ТЯЛО
ХОРЕОГРАФИЯ
КЛАСИЧЕСКИ
КУЛТУРЕН
КУЛТУРА
ЕМОЦИЯ
ИЗРАЗИТЕЛЕН
БЛАГОДАТ
РАДОСТЕН
ДВИЖЕНИЕ
МУЗИКА
ПАРТНЬОР
ПОЗА
РЕПЕТИЦИЯ
РИТЪМ
ТРАДИЦИОНЕН
ВИЗУАЛЕН

29 - Shapes

Д	Д	Л	С	У	А	С	М	К	О	Й	К	Ц	Х	П
Х	Ъ	Е	К	У	Б	Ъ	П	О	И	Р	И	И	М	И
Я	Г	К	П	Щ	Ъ	О	Т	Н	О	М	Й	Л	П	Р
Щ	А	В	И	Р	К	Г	Х	У	Ю	П	И	И	Р	А
К	Р	Ъ	Г	Ш	Ц	А	Ъ	С	Щ	Н	О	Н	И	М
Е	С	М	О	И	Д	Ъ	Ч	Л	С	О	Б	Д	З	И
Р	Н	Ф	В	П	Л	Г	Д	В	Б	Г	Л	Ъ	М	Д
Ж	Ъ	Д	А	Л	О	Б	Р	Е	П	И	Х	Р	А	А
А	П	Б	Л	С	Х	Т	К	Т	Ъ	Л	Я	А	Т	Р
Ж	Х	С	О	Р	П	М	М	Н	С	О	Ш	П	Б	Е
П	Д	Т	Ц	В	Я	И	Н	И	Л	П	С	М	Ц	Ф
Т	А	Р	П	У	Е	Т	Л	Ю	Ф	Щ	Л	У	М	С
Н	Т	А	Р	Д	А	В	К	Е	О	Ф	Ь	Ъ	В	И
К	И	Н	Л	Ъ	Г	Ъ	О	В	А	Р	П	И	Х	Х
М	Н	А	Х	Т	Р	И	Ъ	Г	Ъ	Л	Н	И	К	Р

ДЪГА
КРЪГ
КОНУС
ЪГЪЛ
КУБ
КРИВА
ЦИЛИНДЪР
РЪБОВЕ
ЕЛИПСА
ХИПЕРБОЛА
ЛИНИЯ
ОВАЛ
ПОЛИГОН
ПРИЗМА
ПИРАМИДА
ПРАВОЪГЪЛНИК
СТРАНА
СФЕРА
КВАДРАТ
ТРИЪГЪЛНИК

30 - Scientific Disciplines

И	Р	А	М	Ъ	Ь	Ш	Х	Я	Щ	Щ	Е	Л	Т	М
Б	И	О	Л	О	Г	И	Я	И	Х	Л	И	И	Е	И
З	О	О	Л	О	Г	И	Я	С	М	О	К	Н	Р	Н
М	Е	Х	А	Н	И	К	А	Н	И	И	Я	Г	М	Е
Н	Е	В	Р	О	Л	О	Г	И	Я	Л	Я	В	О	Р
П	С	И	Х	О	Л	О	Г	И	Я	М	Ц	И	Д	А
А	Р	Х	Е	О	Л	О	Г	И	Я	Г	П	С	И	Л
Щ	Ф	Л	Я	Б	И	О	Х	И	М	И	Я	Т	Н	О
С	Т	Ф	И	З	И	О	Л	О	Г	И	Я	И	А	Г
Ь	Я	И	Г	О	Л	О	Н	У	М	И	Г	К	М	И
Я	И	М	О	Н	О	Р	Т	С	А	В	Г	А	И	Я
М	В	Ч	Л	Б	О	Т	А	Н	И	К	А	Ж	К	Ф
Я	И	М	О	Т	А	Н	А	П	Ч	Д	К	Ю	А	А
Ч	Й	Я	Е	С	О	Ц	И	О	Л	О	Г	И	Я	Х
Ц	Я	И	Г	О	Л	О	К	Е	Ю	У	У	Е	Л	Е

АНАТОМИЯ
АРХЕОЛОГИЯ
АСТРОНОМИЯ
БИОХИМИЯ
БИОЛОГИЯ
БОТАНИКА
ХИМИЯ
ЕКОЛОГИЯ
ГЕОЛОГИЯ
ИМУНОЛОГИЯ
ЛИНГВИСТИКА
МЕХАНИКА
МИНЕРАЛОГИЯ
НЕВРОЛОГИЯ
ФИЗИОЛОГИЯ
ПСИХОЛОГИЯ
СОЦИОЛОГИЯ
ТЕРМОДИНАМИКА
ЗООЛОГИЯ

31 - Science

Ц	М	О	Л	Е	К	У	Л	И	А	Ц	Ф	Ч	Е	П
У	К	Ь	В	Ж	Е	И	Е	Е	Н	И	И	А	К	М
П	Р	И	Р	О	Д	А	Я	К	Р	Х	З	С	С	Х
Н	А	З	Е	Т	О	П	И	Х	Г	Ь	И	Т	П	И
Д	Ф	Ц	Х	О	Л	Д	Н	Е	Т	Д	К	И	Е	М
Л	Ф	Н	И	Л	А	Р	Е	Н	И	М	А	Ц	Р	И
М	Л	А	Б	О	Р	А	Т	О	Р	И	Я	И	И	Ч
О	Е	Й	Б	П	Е	Д	С	А	Б	П	И	У	М	Е
Т	Я	Т	М	И	Н	Н	А	Д	М	М	Ц	Ч	Е	С
А	П	Р	О	Ш	И	А	Р	Г	У	И	Ю	Е	Н	К
В	Ж	Ь	Ъ	Д	М	С	Ж	Ц	Р	Ч	Л	Н	Т	И
О	Р	Г	А	Н	И	З	Ъ	М	Ф	Ч	О	К	К	Й
Г	Р	А	В	И	Т	А	Ц	И	Я	Ю	В	Б	А	А
Д	Ф	К	Щ	Д	Ч	Ь	Т	Х	А	Б	Е	Н	Ф	В
В	М	Ж	П	Ж	М	И	А	Д	П	Б	П	А	Н	Ц

АТОМ
ХИМИЧЕСКИ
КЛИМАТ
ДАННИ
ЕВОЛЮЦИЯ
ЕКСПЕРИМЕНТ
ФАКТ
МИНЕРАЛ
ГРАВИТАЦИЯ
ХИПОТЕЗА
ЛАБОРАТОРИЯ
МЕТОД
МИНЕРАЛИ
МОЛЕКУЛИ
ПРИРОДА
ОРГАНИЗЪМ
ЧАСТИЦИ
ФИЗИКА
РАСТЕНИЯ
УЧЕН

32 - Beauty

У	Д	Е	Х	У	П	Р	О	Д	У	К	Т	И	Х	М
Б	Л	А	Г	О	Д	А	Т	У	Ч	А	Ч	Ц	Д	Л
Ш	А	М	П	О	А	Н	Й	Д	Щ	А	Ж	О	К	У
С	Г	Р	И	М	Т	А	М	Н	Ф	Г	Р	Г	Й	К
П	С	Т	И	Л	И	С	Т	К	Ю	Г	Я	Л	Я	Н
И	Т	К	Т	Т	С	О	Н	Т	Н	А	Г	Е	Л	Е
Р	Н	Ж	О	В	И	Б	У	Б	Х	Ю	Р	Д	О	Ч
А	В	Е	Р	З	Ш	Й	Ц	В	Я	Т	Ц	А	Т	И
Л	О	И	У	Ь	М	Ч	Я	Щ	Б	Ю	Б	Л	Р	Н
А	Щ	Ц	Х	С	М	Е	Ь	Б	М	Щ	Х	О	И	Е
А	Ц	И	Ж	О	Н	А	Т	А	М	О	Р	А	Л	Г
Ч	Е	Р	В	И	Л	О	С	И	Г	У	Л	С	У	О
М	Ь	Д	Б	Л	И	Л	Л	Л	К	Ф	Е	Ч	Г	Т
Х	Х	Ъ	Ъ	П	А	К	Ъ	Т	А	А	Ф	Ч	Л	О
Н	О	К	Е	Л	Е	Г	А	Н	Т	Е	Н	Ю	Е	Ф

ЧАР
ЦВЯТ
КОЗМЕТИКА
КЪДРИЦИ
ЕЛЕГАНТНОСТ
ЕЛЕГАНТЕН
АРОМАТ
БЛАГОДАТ
ЧЕРВИЛО
ГРИМ
СПИРАЛА
ОГЛЕДАЛО
МАСЛА
ФОТОГЕНИЧЕН
ПРОДУКТИ
НОЖИЦА
УСЛУГИ
ШАМПОАН
КОЖА
СТИЛИСТ

33 - To Fill

П	У	П	Ь	Ш	Е	П	Т	Ъ	Ч	В	Ш	М	К	К
О	А	Ф	О	К	Ю	К	В	Р	Е	А	И	Р	У	А
Ж	Ц	П	К	У	Т	И	Я	А	К	Н	Ш	Ъ	Ф	Ц
Г	И	Ж	К	Щ	С	Д	Ь	Ь	М	А	Е	Д	А	Ш
Б	Н	Н	Ь	А	З	А	В	К	Е	Ч	Б	Л	Р	Ь
Г	Ш	Б	П	Г	Ж	П	Д	Ц	Д	Ч	А	Н	Т	А
Б	О	В	П	Й	В	О	Г	Е	Ж	Т	Р	Ъ	Б	А
Б	К	В	П	А	К	Е	Т	В	Е	А	О	Г	Ш	В
П	А	Ц	Ъ	Щ	Б	Е	В	Е	П	Т	К	Ъ	Р	А
Л	Д	С	Ю	Ь	Х	Ч	Р	Й	Б	О	Н	Ц	Т	Т
И	О	К	Е	Ч	М	Ш	Я	М	У	П	М	С	К	Л
У	Я	Д	Ю	Й	Ф	Ц	Д	А	Р	Е	Л	Я	Ю	Л
И	В	К	Б	С	Н	Г	Ъ	У	К	Ч	М	И	Х	Р
Ф	Ш	У	Я	У	Ь	О	Р	Ф	А	М	Ъ	П	К	Ф
Я	М	Ц	Д	Ж	О	Б	Н	Е	Н	С	Ш	С	Л	И

ЧАНТА
ЦЕВ
БАСЕЙН
КОШНИЦА
ШИШЕ
КУТИЯ
КОФА
ЩАЙГА
ЧЕКМЕДЖЕ
ПЛИК
ПАПКА
БУРКАН
ПАКЕТ
ДЖОБ
КУФАР
ТАВА
ВАНА
ТРЪБА
ВАЗА
КОРАБ

34 - Clothes

О	Т	Л	А	П	Ш	А	Л	Г	Р	И	В	Н	А	Р
Я	Б	А	Б	О	А	С	Р	Ъ	К	А	В	И	Ц	И
Н	Ь	У	Р	Л	Ш	У	Б	О	О	М	В	Ч	П	К
И	Л	Р	В	А	З	У	Л	Б	Р	О	К	Л	Я	Н
Я	К	Е	Ч	К	Б	Ш	Н	О	М	Й	Ш	Ш	Е	Ъ
П	С	П	Й	Л	А	И	К	Ж	В	Й	Ь	Е	Т	Д
А	А	У	Б	И	С	Л	Ж	В	Ъ	А	А	И	К	Е
Н	Н	Л	Р	Т	Ж	Й	Н	У	Б	Ш	Т	Х	В	У
Т	Д	О	И	С	И	Р	М	О	Т	Н	Ъ	О	Г	Ж
А	А	В	З	Е	Р	Х	Р	О	Е	А	К	П	А	Ш
Л	Л	Е	А	Р	М	Б	Б	Ж	Д	М	К	С	Д	Ф
О	И	Р	Я	П	М	Л	Ф	Е	Е	А	О	Й	Ф	Щ
Н	А	Г	А	Ч	Г	Ъ	Л	Ф	Г	Ж	Л	Й	П	Я
И	Ш	Ж	Д	А	Ч	Ь	Г	Р	Я	И	А	Х	Л	Т
Й	Н	П	Ф	У	Н	Й	С	И	Я	П	Н	К	Е	П

ПРЕСТИЛКА
КОЛАН
БЛУЗА
ГРИВНА
ПАЛТО
РОКЛЯ
МОДА
РЪКАВИЦИ
ШАПКА
ЯКЕ
ДЪНКИ
БИЖУТА
ПИЖАМА
ПАНТАЛОНИ
САНДАЛИ
ШАЛ
РИЗА
ОБУВКА
ПОЛА
ПУЛОВЕР

35 - Insects

Б	Ф	В	Р	Ц	Я	Ж	Ь	Н	Ю	Ж	Ж	Ч	Д	Л
О	Ъ	Д	Ц	Л	Ж	Ф	Я	Ь	М	Е	Р	Е	И	Й
Г	Г	Ф	М	Л	Л	Т	Д	К	Ь	Ь	А	Р	Ж	А
О	Й	Й	Б	Ц	Е	Л	А	К	А	К	С	В	Г	М
М	Ш	В	Е	Е	Ш	Ь	С	К	Х	К	Н	Е	П	Ж
О	Щ	Ъ	Л	Л	Р	В	О	П	В	Т	Г	Й	Е	Ц
Л	Л	Ш	Ь	О	Ъ	О	Г	А	М	А	Б	К	П	И
К	Т	К	Ф	М	Т	М	Я	К	У	Л	Р	О	Е	К
А	Ф	А	В	М	С	А	Ч	Н	О	Е	Ъ	М	Р	А
В	В	Щ	В	Т	Е	Р	М	И	Т	Ч	М	А	У	Д
Б	Я	А	К	Р	А	Б	Е	Л	Х	П	Б	Р	Д	А
Ъ	Д	Т	И	Г	А	Т	О	А	Л	Б	А	У	А	Ц
Л	М	Х	Ж	Я	Х	Л	Ф	К	П	Л	Р	Ф	И	Л
Х	Д	Ъ	П	В	О	Д	Н	О	К	О	Н	Ч	Е	Т
А	Т	Ю	Л	Щ	Ф	Ь	Ь	Г	В	Г	Г	Ц	У	Т

МРАВКА
ВЪШКА
ПЧЕЛА
БРЪМБАР
ПЕПЕРУДА
ЦИКАДА
ХЛЕБАРКА
ВОДНО КОНЧЕ
БЪЛХА
СКАКАЛЕЦ
СТЪРШЕЛ
КАЛИНКА
ЛАРВА
БОГОМОЛКА
КОМАР
МОЛЕЦ
ТЕРМИТ
ОСА
ЧЕРВЕЙ

36 - Astronomy

С	Р	О	Е	Т	Е	М	Л	Ч	Д	О	Б	С	А	М
Т	В	А	Н	О	Р	Т	С	А	Я	Л	В	Ъ	С	Ъ
Г	О	Р	К	А	С	Т	Р	О	Н	О	М	З	Т	Г
А	Б	Г	Ъ	Е	Е	Ъ	А	К	П	И	Щ	В	Е	Л
Л	С	Щ	Е	Х	Т	И	Л	Е	Т	А	С	Е	Р	Я
А	Е	А	Т	Е	Н	А	Л	П	Ь	Т	Ж	З	О	В
К	Р	Р	Щ	П	П	О	Х	Х	Р	Х	Р	Д	И	И
Т	В	Ю	П	Щ	Г	Ь	В	Ч	А	Р	Ж	И	Д	Н
И	А	З	О	Д	И	А	К	А	Ц	М	Й	Е	Ш	А
К	Т	Р	А	В	Н	О	Д	Е	Н	С	Т	В	И	Е
А	О	Г	С	П	Ч	Б	Ж	Б	Щ	О	Л	Д	Ш	Ч
О	Р	Ц	О	Х	В	Ф	Ж	Е	В	М	О	У	Ч	Ь
Я	И	Ц	А	И	Д	А	Р	Н	Н	С	Ю	Б	Н	Ш
П	Я	М	Е	З	Б	Г	Р	М	Г	О	Х	В	Л	А
З	А	Т	Ъ	М	Н	Е	Н	И	Е	К	Р	О	Д	Й

АСТЕРОИД
АСТРОНАВТ
АСТРОНОМ
СЪЗВЕЗДИЕ
КОСМОС
ЗЕМЯ
ЗАТЪМНЕНИЕ
РАВНОДЕНСТВИЕ
ГАЛАКТИКА
МЕТЕОР
ЛУНА
МЪГЛЯВИНА
ОБСЕРВАТОРИЯ
ПЛАНЕТА
РАДИАЦИЯ
РАКЕТА
САТЕЛИТ
НЕБЕ
СВРЪХНОВА
ЗОДИАК

37 - Health and Wellness #2

Д	К	Ш	М	Д	Ж	А	С	А	М	К	У	Д	Ъ	П
Д	Е	А	Ч	О	Ь	Ц	Н	В	Х	Р	Г	Х	А	Ъ
И	И	Х	Л	Н	Ч	Ц	Е	А	М	Ъ	К	Б	Д	Я
Е	Х	Г	И	О	В	Д	Ц	Н	Т	В	А	Р	Д	З
Т	Е	Ч	К	Д	Р	Б	К	И	С	О	Ю	А	Р	Х
А	Я	Ц	Ъ	Ч	Р	И	С	М	Е	Т	М	Ц	С	Н
Т	Е	Г	Л	О	Б	А	Я	А	Л	Г	У	И	Н	Ш
С	Т	Р	Е	С	Г	Ь	Ц	Т	О	Ч	Д	Н	Я	Ф
Г	Е	Н	Е	Т	И	К	А	И	Б	Н	Х	Л	И	Д
Х	И	Г	И	Е	Н	А	Ж	В	Я	Р	Р	О	Г	И
А	Ь	Ь	А	Л	Е	Р	Г	И	Я	Л	А	Б	Р	Е
С	Н	А	С	Т	Р	О	Е	Н	И	Е	Н	Ъ	Е	К
М	А	П	Е	Т	И	Т	Щ	К	К	Д	А	Ф	Н	А
И	Н	Ф	Е	К	Ц	И	Я	Й	И	Ч	И	К	Е	Ь
Ю	Х	Ж	Б	Ш	Р	Ц	Р	Ч	Р	Н	Е	С	Ф	Ш

АЛЕРГИЯ
АНАТОМИЯ
АПЕТИТ
КРЪВ
КАЛОРИЯ
ДЕХИДРАЦИЯ
ДИЕТА
БОЛЕСТ
ЕНЕРГИЯ
ГЕНЕТИКА
ЗДРАВ
БОЛНИЦА
ХИГИЕНА
ИНФЕКЦИЯ
МАСАЖ
НАСТРОЕНИЕ
ХРАНА
СТРЕС
ВИТАМИН
ТЕГЛО

38 - Disease

А	Л	П	Т	Е	Б	Е	Л	О	Д	Р	О	Б	Е	Н
Л	У	Н	А	С	Л	Е	Д	С	Т	В	Е	Н	Ч	Е
Е	М	О	Р	Д	Н	И	С	И	И	Е	Ъ	Г	Ь	Ч
Р	Б	Е	Н	Е	Л	Е	Т	А	Х	И	Д	Ж	Г	И
Г	А	Н	М	Е	Р	О	К	Ъ	Щ	Н	Е	Й	И	Т
И	Л	Г	Щ	Й	Р	Т	Ж	Ф	К	Е	У	Р	С	Е
И	Н	Б	А	К	Т	Е	Р	И	А	Л	Е	Н	Ъ	Н
К	И	Т	С	О	К	З	Я	Л	Я	А	И	Н	Р	Е
И	Т	Й	Е	Ь	Й	Щ	Д	Е	И	П	Х	Е	Ц	Г
Т	Е	Т	И	Н	У	М	И	Р	П	З	К	Ч	Е	Т
З	А	Р	А	З	Е	Н	О	Ж	А	Ъ	И	И	И	Е
С	И	Щ	Я	И	Т	А	П	О	Р	В	Е	Н	Т	Д
Ч	Л	С	В	М	Г	Н	А	Л	Е	Ъ	Е	О	Я	В
Ю	Е	А	Щ	М	Л	М	П	Я	Т	Т	Ю	Р	Ь	С
М	Я	В	Б	Ш	Ъ	Р	М	Т	П	С	М	Х	Я	Д

КОРЕМНА
АЛЕРГИИ
БАКТЕРИАЛЕН
ТЯЛО
КОСТИ
ХРОНИЧЕН
ЗАРАЗЕН
ГЕНЕТИЧЕН
ЗДРАВЕ
СЪРЦЕ
НАСЛЕДСТВЕН
ИМУНИТЕТ
ВЪЗПАЛЕНИЕ
ЛУМБАЛНИТЕ
НЕВРОПАТИЯ
БЕЛОДРОБЕН
ДИХАТЕЛЕН
СИНДРОМ
ТЕРАПИЯ
СЛАБ

39 - Time

С	К	Ф	Ь	В	П	Д	Е	Ф	Ч	Ш	Х	Д	Д	Г
Й	С	Е	Н	Д	Р	У	Б	Ч	У	Ь	Ч	Ч	Е	Х
Ж	В	У	К	О	Е	Щ	Ц	Д	Б	Щ	Б	Ю	С	В
Ъ	Е	О	Т	О	Д	У	Е	Щ	Е	Д	Ъ	Б	Е	Ж
Ч	К	Т	С	Р	И	Й	С	А	Ч	Л	Й	Ь	Т	Г
О	А	Д	Ю	О	И	Р	Е	Ш	Х	Е	К	А	И	Ш
Ь	Й	С	Ъ	К	Я	Н	М	И	Н	У	Т	А	Л	Я
Ш	Ж	Ь	О	С	Р	Е	О	Б	Я	Д	Ш	Ц	Е	Т
Х	Т	Ж	К	В	П	Д	Ю	П	Л	Л	М	И	Т	У
Ш	Р	Ц	Т	А	Н	И	Д	О	Г	С	Г	М	И	С
Ж	С	Н	О	Щ	Х	И	М	Р	Ш	М	Й	Д	Е	Р
Г	С	Е	У	М	М	В	К	Л	Н	Т	К	Е	Ч	А
Т	С	Р	Г	К	А	Л	Е	Н	Д	А	Р	С	Щ	Н
В	Б	Х	Я	А	Г	О	Д	И	Ш	Е	Н	К	К	О
Ш	Ю	Ъ	Л	Ъ	Ф	Ж	Ь	Х	Г	И	И	С	Ю	Ф

ГОДИШЕН
ПРЕДИ
КАЛЕНДАР
ВЕК
ЧАСОВНИК
ДЕН
ДЕСЕТИЛЕТИЕ
РАНО
БЪДЕЩЕ
ЧАС

МИНУТА
МЕСЕЦ
СУТРИН
НОЩ
ОБЯД
СЕГА
СКОРО
ДНЕС
СЕДМИЦА
ГОДИНА

40 - Buildings

К	М	Х	Ю	Е	Ь	Р	Я	Н	В	Е	Л	П	С	Ф
Ъ	А	У	О	Н	И	К	М	Ю	Я	Ъ	Я	О	А	А
М	Ж	Б	З	Т	Л	А	Ж	Ш	Р	У	Г	С	П	Б
А	О	Е	И	Е	Е	Ф	Я	Ч	С	Ц	О	О	А	Р
З	Ю	С	Ь	Н	Й	Л	И	К	У	Л	А	Л	Р	И
Б	Т	Е	К	Р	А	М	Р	Е	П	У	С	С	Т	К
О	Ф	У	В	К	М	Н	О	Й	Д	О	Ш	Т	А	А
Л	Х	Ъ	Я	О	Р	Ъ	Т	А	Е	Т	О	В	М	У
Н	Ь	Д	Ш	В	Е	Х	А	Б	Н	Щ	Т	О	Е	Щ
И	Х	И	О	Х	Ф	И	В	М	Т	О	Ю	Ж	Н	Ц
Ц	Я	И	Р	О	Т	А	Р	О	Б	А	Л	Ш	Т	Р
А	У	Ч	И	Л	И	Щ	Е	П	А	Л	А	Т	К	А
А	Г	Ж	Т	Е	Т	И	С	Р	Е	В	И	Н	У	У
Л	Ш	Н	Л	Щ	Л	Й	Б	С	Ц	М	Ъ	Ъ	И	Л
Ч	Г	П	К	В	Х	Н	О	И	Д	А	Т	С	Ъ	Г

АПАРТАМЕНТ
ПЛЕВНЯ
КАБИНА
ЗАМЪК
КИНО
ПОСОЛСТВО
ФАБРИКА
ФЕРМА
БОЛНИЦА
ХОТЕЛ
ЛАБОРАТОРИЯ
МУЗЕЙ
ОБСЕРВАТОРИЯ
УЧИЛИЩЕ
СТАДИОН
СУПЕРМАРКЕТ
ПАЛАТКА
ТЕАТЪР
КУЛА
УНИВЕРСИТЕТ

41 - Herbalism

П	Р	О	З	М	А	Р	И	Н	Й	Б	Р	Ф	Ж	Ч
О	Л	А	Ю	Л	М	А	Р	О	М	А	Т	Е	Н	Е
Л	Б	Н	Ь	Ю	Х	Л	К	Ь	Е	М	Ю	Ш	Е	С
Е	Щ	Я	Н	К	С	У	К	В	Х	В	Г	Л	Л	Ъ
З	Я	К	Р	Т	Д	Д	Й	У	А	Е	В	Ю	Е	Н
Н	М	А	К	Г	С	Н	В	Щ	В	Т	У	Ъ	З	И
О	Е	Ч	У	Б	П	А	Ф	Х	В	Д	С	Р	Т	П
Р	Н	Е	Л	М	Ю	В	Я	А	Т	Щ	Е	Ъ	С	Ш
И	Т	С	И	А	И	А	Н	И	Д	А	Р	Г	С	С
Г	А	Т	Н	Г	Ц	Л	Б	О	С	И	Л	Е	К	Й
А	Ц	В	А	Д	К	В	Р	А	С	Т	Е	Н	И	Е
Н	Е	О	Р	А	К	О	Е	Ш	А	Ф	Р	А	Н	Х
Т	Е	Л	Е	Н	О	Ъ	П	Т	Ю	Т	Ш	Ш	Ш	К
М	Л	Ф	Н	О	Ш	Г	Ф	Ъ	Е	Ф	Ж	Ж	Я	С
Ж	А	О	А	З	Н	О	Г	А	Р	Т	С	Е	Й	Ъ

АРОМАТЕН
БОСИЛЕК
ПОЛЕЗНО
КУЛИНАРЕН
КОПЪР
ВКУС
ЦВЕТЕ
ГРАДИНА
ЧЕСЪН
ЗЕЛЕН
СЪСТАВКА
ЛАВАНДУЛА
РИГАН
МЕНТА
МАГДАНОЗ
РАСТЕНИЕ
КАЧЕСТВО
РОЗМАРИН
ШАФРАН
ЕСТРАГОН

42 - Vehicles

О	Ъ	Х	М	К	Ч	Ш	Ь	Р	Й	Т	Ъ	К	С	П
Ф	С	С	К	А	М	И	О	Н	П	Л	Д	И	Д	О
Б	Ж	Ф	Ц	Ж	Т	А	Ш	Щ	Б	Ю	Х	Ж	Б	Д
Ф	Д	В	Ф	Б	А	Ч	С	Т	М	А	А	П	Б	В
Е	Б	Х	С	К	У	Т	Е	Р	О	Т	О	М	Ъ	О
Р	Д	Е	П	И	С	О	Л	Е	В	Г	У	М	И	Д
И	С	Л	Б	Е	М	Д	Т	Е	Л	О	М	А	С	Н
Б	О	И	В	О	Ц	В	В	Р	Е	Л	Р	Б	К	И
О	А	К	Д	О	Л	О	Б	И	А	П	И	Г	А	Ц
Т	К	О	Р	Т	Е	М	С	О	Г	К	А	Б	Т	А
Д	Й	П	Я	Б	Ч	П	Г	Ъ	Й	А	Т	П	Л	Т
Щ	Е	Т	К	А	В	Т	О	Б	У	С	Т	О	Ц	Е
У	Н	Е	Ь	О	С	А	Л	Щ	Я	Б	Щ	Е	Р	К
Х	И	Р	Н	Й	Л	Ц	Х	П	Ц	Й	У	Н	Л	А
Й	Л	Ю	И	Г	Ф	А	Н	А	В	А	Р	А	К	Р

САМОЛЕТ
ЛИНЕЙКА
ВЕЛОСИПЕД
ЛОДКА
АВТОБУС
КОЛА
КАРАВАНА
ДВИГАТЕЛ
ФЕРИБОТ
ХЕЛИКОПТЕР
МОТОР
САЛ
РАКЕТА
СКУТЕР
ПОДВОДНИЦА
МЕТРО
ТАКСИ
ГУМИ
ТРАКТОР
КАМИОН

43 - Flowers

В	М	М	Г	Д	Е	Л	Г	О	Ч	Н	Ъ	Л	С	Х
Е	А	А	Й	А	Н	И	Л	Е	Т	Е	Д	А	К	Ь
Н	Р	Г	Т	З	Р	Ь	Й	Л	Ш	Л	Ч	В	Х	И
Ч	Г	Н	О	О	У	Д	М	А	К	С	Н	А	Н	Б
Е	А	О	Л	Р	Ж	И	Е	Л	Ъ	Л	Л	Н	А	И
Л	Р	Л	В	Ю	О	Ч	О	Н	Ж	Я	У	Д	Р	Ю
И	И	И	Ь	Ч	Б	У	Ч	Е	И	Ч	Ш	У	Ц	Л
С	Т	Я	К	Й	У	П	Ш	В	Е	Я	Ю	Л	И	И
Т	К	Я	Л	Ю	Л	Ж	И	Е	У	Н	Б	А	С	Л
Ч	А	Е	Й	Ф	Ш	Н	А	Н	Ц	У	У	Н	Ч	И
Е	Й	Д	А	И	Ъ	С	Е	С	Т	Я	К	Н	У	Я
Ч	Е	И	У	М	П	К	П	Ц	М	У	Е	Ю	Ф	Ц
Г	Ъ	Х	К	У	Е	Ю	В	Ц	П	И	Т	К	У	Х
Ж	Ъ	Р	Г	Л	У	Х	А	Р	Ч	Е	Н	Г	Ю	Щ
Л	Н	О	Х	И	Б	И	С	К	У	С	М	Щ	Т	Ц

БУКЕТ
НЕВЕН
ДЕТЕЛИНА
НАРЦИС
МАРГАРИТКА
ГЛУХАРЧЕ
ГАРДЕНИЯ
ХИБИСКУС
ЖАСМИН
ЛАВАНДУЛА
ЛЮЛЯК
ЛИЛИЯ
МАГНОЛИЯ
ОРХИДЕЯ
БОЖУР
ВЕНЧЕЛИСТЧЕ
МАК
РОЗА
СЛЪНЧОГЛЕД
ЛАЛЕ

44 - Health and Wellness #1

Р	Е	Л	А	К	С	А	Ц	И	Я	Л	К	Г	Я	Л
Т	Д	Х	Ь	Р	Я	Ч	Г	Х	Й	Е	Р	Ю	Г	Р
К	Т	Щ	А	Я	Й	К	А	Ю	Ч	Ч	Г	Ю	Й	Ь
К	А	К	Е	Т	П	А	О	С	К	Е	Л	Ф	Е	Р
В	К	Ж	В	П	П	Г	Ю	Ж	Щ	Н	А	Л	В	А
М	И	И	Р	Е	Т	К	А	Б	А	И	Д	Е	И	К
У	Н	С	Я	Я	Р	В	Щ	Л	Н	Е	М	К	Р	Т
С	И	Н	О	М	Р	О	Х	Й	Ч	А	Ц	А	У	И
К	Л	Б	Г	Ч	Я	С	Ч	А	В	Ъ	В	Р	С	В
У	К	Ф	Щ	Р	И	В	Р	Е	Н	О	Ъ	И	С	Е
Л	Щ	Х	Р	К	П	Н	Й	Ж	Я	Ж	Е	Д	К	Н
И	Т	С	О	К	А	А	А	Н	И	Ц	И	Д	Е	М
Т	Ю	Ж	Ф	А	Р	У	Т	К	А	Р	Ф	К	Б	Щ
Е	Ф	И	Н	Т	Е	П	В	Ч	Г	К	Д	Е	Б	Я
А	Ф	Т	М	Ц	Т	Ч	Г	П	К	П	Ъ	Ш	Ц	Г

АКТИВЕН
БАКТЕРИИ
КОСТИ
КЛИНИКА
ЛЕКАР
ФРАКТУРА
НАВИК
ВИСОЧИНА
ХОРМОНИ
ГЛАД
МЕДИЦИНА
МУСКУЛИТЕ
НЕРВИ
АПТЕКА
РЕФЛЕКС
РЕЛАКСАЦИЯ
КОЖА
ТЕРАПИЯ
ЛЕЧЕНИЕ
ВИРУС

45 - Town

Ж	Ф	З	О	О	П	А	Р	К	Т	У	Г	Ж	У	Т
Ш	У	Ч	Ш	Ъ	Ю	К	О	Г	Н	А	А	Ъ	Ч	И
Ж	Р	Й	Ъ	Ч	Р	М	М	Ф	И	У	Л	Т	И	К
Ъ	Н	А	П	Т	Е	К	А	Ш	З	П	Е	Е	Л	Н
Ф	А	К	Н	А	Б	Б	Я	Л	А	Й	Р	Т	И	И
Г	Д	А	Й	Е	Ъ	Ц	Ш	Й	Г	Ю	И	И	Щ	Ж
Б	И	Б	Л	И	О	Т	Е	К	А	К	Я	С	Е	А
С	Л	К	Г	Т	И	Х	Е	Т	М	Л	Ъ	Р	Я	Р
М	Т	Ю	П	Г	Х	Ю	Д	Е	Щ	И	Т	Е	Л	Н
Щ	У	А	П	А	З	А	Р	Д	Г	Н	К	В	Е	И
Й	У	З	Д	Г	Л	Й	Ь	Ъ	Р	И	И	И	Т	Ц
Ф	Ъ	В	Е	И	Ч	У	Ю	И	Т	К	Н	Н	О	А
П	В	Я	Ъ	Й	О	Й	Г	А	У	А	О	У	Х	П
Ц	В	Е	Т	А	Р	Н	К	Й	О	Е	Е	Б	Б	О
С	У	П	Е	Р	М	А	Р	К	Е	Т	Д	Т	П	Ц

ЛЕТИЩЕ
ФУРНА
БАНКА
КНИЖАРНИЦА
КИНО
КЛИНИКА
ЦВЕТАР
ГАЛЕРИЯ
ХОТЕЛ
БИБЛИОТЕКА
ПАЗАР
МУЗЕЙ
АПТЕКА
УЧИЛИЩЕ
СТАДИОН
МАГАЗИН
СУПЕРМАРКЕТ
ТЕАТЪР
УНИВЕРСИТЕТ
ЗООПАРК

46 - Antarctica

Л	Ъ	Ю	С	К	О	Я	Л	Ж	Ч	С	С	Ц	Е	В
Ж	О	С	К	Л	С	Е	Р	У	Щ	Х	Р	Ч	Ш	О
Л	О	Е	А	Ф	Т	Р	Е	Р	С	Ь	Ш	Е	Ш	Д
М	Л	С	Л	Ъ	Р	Е	Н	Л	Е	Д	Н	М	Д	А
И	Ь	Б	И	Ъ	О	Ф	Т	Ш	Ш	Ь	Г	Ъ	Ц	А
Н	О	К	С	К	В	О	Р	Т	С	О	У	Л	О	П
Е	Л	Б	Т	Я	И	Ф	А	Р	Г	О	П	О	Т	Я
Р	Е	Ц	Л	Е	Т	А	В	О	Д	Е	Л	С	З	И
А	Д	Е	Н	А	В	З	А	П	А	З	Ф	Ч	Н	Ц
Л	Н	В	Ф	Т	Ц	В	П	Т	И	Ц	И	Ж	А	А
И	И	Т	Н	Е	Н	И	Т	Н	О	К	О	У	У	Р
П	Ц	Ь	Б	С	Х	Л	Я	Д	П	Д	П	Ц	Ч	Г
Ц	И	А	Р	У	Т	А	Р	Е	П	М	Е	Т	Е	И
Х	С	Я	Ш	Щ	С	З	Ю	Р	Л	О	Б	У	Н	М
Е	К	С	П	Е	Д	И	Ц	И	Я	Ц	Ъ	Х	И	Б

ЗАЛИВ
ПТИЦИ
ОБЛАЦИ
ЗАПАЗВАНЕ
КОНТИНЕНТ
СРЕДА
ЕКСПЕДИЦИЯ
ЛЕДНИЦИ
ЛЕД
ОСТРОВИ
МИГРАЦИЯ
МИНЕРАЛИ
ПОЛУОСТРОВ
ИЗСЛЕДОВАТЕЛ
СКАЛИСТ
НАУЧЕН
ТЕМПЕРАТУРА
ТОПОГРАФИЯ
ВОДА

47 - Ballet

К	О	М	П	О	З	И	Т	О	Р	И	Б	И	Ж	О
Ф	О	М	Я	Б	Т	Р	Т	О	Ь	А	А	З	Г	Р
Я	И	Ф	А	Р	Г	О	Е	Р	О	Х	Л	Р	Н	К
Ж	Р	Д	Ж	Л	А	Ь	Т	Г	Д	Ж	Е	А	Е	Е
Ь	Е	Ь	П	У	О	Ц	И	В	Щ	Л	Р	З	Ч	С
У	Т	С	Д	А	Ш	Н	З	Ь	А	Я	И	И	И	Т
Й	Д	Ю	Т	Щ	Щ	А	Н	Щ	Е	Я	Н	Т	Т	Ъ
Щ	Ю	Я	И	Ц	И	Т	Е	П	Е	Р	А	Е	С	Р
М	У	С	К	У	Л	И	Т	Е	Н	Д	К	Л	И	Т
Ъ	В	Ч	Ч	Л	Ю	Ц	Н	Ж	Ъ	В	И	Е	Т	Е
Т	Г	И	Е	Д	В	О	И	Л	Х	Ь	З	Н	Р	Х
И	О	Р	Л	Р	Ь	Р	Р	Л	Л	Я	У	Я	А	Н
Р	Й	Ш	Щ	Г	Р	У	Ф	Д	В	К	М	Щ	Г	И
А	П	Л	О	Д	И	С	М	Е	Н	Т	И	П	Я	К
П	У	Б	Л	И	К	А	У	М	Е	Н	И	Е	Н	А

АПЛОДИСМЕНТИ
АРТИСТИЧЕН
ПУБЛИКА
БАЛЕРИНА
ХОРЕОГРАФИЯ
КОМПОЗИТОР
ТАНЦЬОРИ
ИЗРАЗИТЕЛЕН
ЖЕСТ
ИНТЕНЗИТЕТ
УРОЦИ
МУСКУЛИТЕ
МУЗИКА
ОРКЕСТЪР
РЕПЕТИЦИЯ
РИТЪМ
УМЕНИЕ
СТИЛ
ТЕХНИКА

48 - Human Body

Ф	Ш	Ж	А	Ь	Ч	П	К	Д	Й	И	Й	Ь	Н	Щ
Н	Щ	Т	С	Ч	А	Ш	О	А	Е	Т	Ш	Д	О	Л
В	Т	С	Ю	Л	Е	Ч	Ж	У	Р	Ъ	К	А	С	С
Й	Ъ	Ъ	Б	И	И	Ь	А	Х	Б	Б	Б	Е	Ч	В
П	К	Р	Т	Г	Е	Ц	Н	О	С	Ш	Б	Н	Ф	Б
Щ	А	П	К	В	Б	Г	Е	Ц	Р	Ъ	С	Ю	М	К
Р	Л	Й	Я	Ь	Ж	Ш	З	Ф	Ж	Ф	Л	Й	Ч	Р
В	Р	А	Т	А	П	Ш	Е	Ъ	К	Ч	Б	Е	Ф	Ъ
Т	Б	Ж	Т	Е	Ъ	Г	Л	К	О	Л	Я	Н	О	Д
К	Р	А	К	Ь	Е	К	Г	П	Ъ	Н	Ю	К	М	У
Л	К	О	С	Т	И	П	В	М	Г	З	Т	Я	А	М
Г	Л	А	В	А	М	Т	Е	П	П	Б	О	П	Р	Ъ
Р	У	С	Т	А	К	Ч	И	Д	А	Р	Б	М	С	Х
Ю	К	Я	Ч	А	М	Ж	Л	Е	Я	Н	К	Щ	Е	Я
С	Т	И	Г	Х	Д	Й	Г	Щ	Ш	Т	Е	В	П	В

ГЛЕЗЕН
КРЪВ
КОСТИ
МОЗЪК
БРАДИЧКА
УХО
ЛАКЪТ
ЛИЦЕ
ПРЪСТ
РЪКА
ГЛАВА
СЪРЦЕ
ЧЕЛЮСТ
КОЛЯНО
КРАК
УСТА
ВРАТА
НОС
РАМО
КОЖА

49 - Musical Instruments

В	Е	М	Р	Ф	Т	Х	Ц	И	Г	У	Л	К	А	Д
И	Ш	К	Г	Щ	Щ	Р	А	У	Й	Д	А	Й	Р	Е
О	Ж	Д	Н	А	Б	Щ	О	Р	А	Ь	Х	Х	И	Г
Л	Й	Ъ	О	У	Н	Д	Щ	М	М	Е	У	Ъ	Ж	Я
О	С	О	Г	Ю	Б	Х	А	Т	Б	О	Я	О	Ь	Д
Н	А	Б	А	Р	А	Б	Б	О	И	О	Н	Н	Ъ	Х
Ч	А	А	Ф	А	В	Х	М	Г	А	Ю	Н	И	Х	Е
Е	П	С	Г	Ю	Ъ	П	И	А	Н	О	Я	Н	К	Ж
Л	Ъ	Ц	Я	И	Ж	А	Р	Ф	А	О	Ц	О	Н	А
О	М	Б	Р	У	Щ	Р	А	И	У	Е	Б	Ф	Ь	Ь
Ч	Б	Я	О	Ц	Е	А	М	И	Д	Т	Ц	О	Ъ	Н
Б	И	Р	Ц	Ш	Г	Т	К	Й	А	Я	Ф	С	Й	А
М	А	Н	Д	О	Л	И	Н	А	Р	Ф	Ю	К	Л	О
Ф	Л	Е	Й	Т	А	К	Т	Е	Н	И	Р	А	Л	К
Т	Р	О	М	П	Е	Т	Е	Г	И	Ф	Д	С	Р	Ь

БАНДЖО
ФАГОТ
ВИОЛОНЧЕЛО
КЛАРИНЕТ
БАРАБАН
ФЛЕЙТА
ГОНГ
КИТАРА
ХАРМОНИКА
АРФА
МАНДОЛИНА
МАРИМБА
ОБОЙ
УДАРНИ
ПИАНО
САКСОФОН
ДАЙРЕ
ТРОМБОН
ТРОМПЕТ
ЦИГУЛКА

50 - Fruit

Х	Щ	С	Ш	Ъ	Ж	Ъ	В	Х	П	К	Т	Г	П	И
О	Г	Н	А	М	О	В	У	К	А	И	Д	Ж	Ъ	Ц
А	Б	Р	Ъ	У	Х	Т	Я	Л	П	В	Ь	Х	П	М
Ц	Я	С	О	Е	Ж	А	А	Й	А	И	Б	Е	Е	А
Ъ	Л	В	Д	З	Х	А	В	Н	Я	В	Ш	Р	Ш	Л
Б	А	Н	А	Н	Д	Ю	О	И	А	Ф	Р	О	Д	И
Д	Ш	О	К	Щ	Л	Е	К	Р	Д	Н	Н	В	И	Н
В	Е	М	О	Я	Б	Т	С	А	Ъ	Л	А	О	Ф	А
Б	Р	И	В	Й	Ъ	Н	А	Т	М	Д	И	С	Л	Л
Ц	Е	Л	А	Н	Ю	П	Р	К	Е	У	Ь	О	Щ	Р
Ф	Ч	Р	Н	Ф	Я	Л	П	Е	Е	Щ	Я	К	Й	Л
Й	Ь	Я	И	С	Й	А	К	Н	А	П	Д	О	Д	Щ
Я	Б	Ъ	Л	К	А	Ш	У	Р	К	Ф	С	К	Ц	А
Г	У	А	В	А	С	М	О	К	И	Н	Я	Щ	И	Ш
П	Г	Ф	В	В	Й	У	В	Б	Н	Г	С	Ш	Т	Р

ЯБЪЛКА
КАЙСИЯ
АВОКАДО
БАНАН
БЕРИ
ЧЕРЕША
КОКОСОВ ОРЕХ
СМОКИНЯ
ГРОЗДЕ
ГУАВА
КИВИ
ЛИМОН
МАНГО
ПЪПЕШ
НЕКТАРИН
ПАПАЯ
ПРАСКОВА
КРУША
АНАНАС
МАЛИНА

51 - Engineering

Д	Е	Н	А	В	Ж	И	В	Д	А	З	Д	И	У	Л
Ф	В	Й	Б	Е	Л	Е	З	И	Д	Ч	Ъ	З	Т	Ф
Д	И	И	А	С	Ъ	Ц	Ч	А	Ф	Д	Л	Ч	Щ	В
Х	И	З	Г	К	Г	П	Ш	Г	М	Н	Б	И	Й	С
Ц	О	А	М	А	Ъ	Т	Л	Р	Е	В	О	С	А	Т
Ь	Ь	Х	М	Е	Т	Р	Г	А	Б	Ю	Ч	Л	Т	Р
Й	К	Й	Ю	Е	Р	Е	Ъ	М	О	Г	И	Е	Д	У
П	Й	Й	Ъ	Б	Т	В	Л	А	С	М	Н	Н	Ш	К
М	А	Ш	И	Н	А	Ъ	А	Л	И	С	А	И	Т	Т
Л	О	С	Т	О	В	Е	Р	Н	Х	Ь	П	Е	Е	У
Я	У	Я	Р	Ч	Я	И	Г	Р	Е	Н	Е	О	Ч	Р
Р	А	З	П	Р	Е	Д	Е	Л	Е	Н	И	Е	Н	А
С	Т	А	Б	И	Л	Н	О	С	Т	Р	О	Т	О	М
С	Н	Д	Т	Ц	Щ	Ъ	Ц	М	У	В	О	Н	С	Ж
П	Ч	В	О	В	Т	С	Л	Е	Т	И	О	Р	Т	С

ЪГЪЛ
ОС
ИЗЧИСЛЕНИЕ
СТРОИТЕЛСТВО
ДЪЛБОЧИНА
ДИАГРАМА
ДИАМЕТЪР
ДИЗЕЛ
РАЗПРЕДЕЛЕНИЕ
ЕНЕРГИЯ
ДВИГАТЕЛ
ЛОСТОВЕ
ТЕЧНОСТ
МАШИНА
ИЗМЕРВАНЕ
МОТОР
ЗАДВИЖВАНЕ
СТАБИЛНОСТ
СИЛА
СТРУКТУРА

52 - Kitchen

У	Ь	Г	Ж	Ч	Л	Ъ	Ж	И	Ц	И	Г	С	Н	Ч
Й	К	Ю	Й	Ж	А	Е	Т	Й	Ф	Б	Ъ	А	О	К
Г	Ъ	Х	В	Ц	Х	Й	П	И	Я	Я	Б	Л	Ж	А
Р	Е	Ц	Е	П	Т	А	Н	Ц	Л	Я	А	Ф	О	Н
Р	Б	С	Б	Ж	Г	Р	О	И	П	Ф	У	Е	В	А
Х	Л	Б	Й	Ь	Е	К	Х	Л	К	У	К	Т	Е	Ф
Ш	А	Л	Д	Б	П	Ф	Ф	И	Я	Р	У	К	П	Р
Д	К	А	Я	П	Г	Щ	Н	В	Ш	Н	П	А	О	И
Х	Л	А	Д	И	Л	Н	И	К	Х	А	А	Ъ	Д	З
Б	И	Л	Ф	Ц	Р	А	Д	Л	Р	Ч	Ч	Ж	П	Е
Щ	Т	Г	Щ	И	С	К	Я	Л	А	Е	К	Ц	Р	Р
Ц	С	Ш	Й	Ч	К	Р	В	В	Н	Р	Д	А	А	Х
Т	Е	И	Ш	Ъ	А	У	С	Г	А	П	Ю	Л	В	Д
К	Р	Ь	Я	Р	Р	Б	М	А	М	А	К	Ч	К	Ш
Т	П	Х	Й	П	А	О	Г	К	Н	К	К	Г	И	Щ

ПРЕСТИЛКА
КУПА
ПРЪЧИЦИ
ЧАШИ
ХРАНА
ВИЛИЦИ
ФРИЗЕР
СКАРА
БУРКАН
КАНА
ЧАЙНИК
НОЖОВЕ
ЧЕРПАК
САЛФЕТКА
ФУРНА
РЕЦЕПТА
ХЛАДИЛНИК
ПОДПРАВКИ
ГЪБА
ЛЪЖИЦИ

53 - Government

С	Ц	Щ	Ъ	Й	М	Д	Ч	Б	Т	Т	Ю	Р	Н	Х
К	В	Ь	Ф	Д	Е	М	О	К	Р	А	Ц	И	Я	Ч
Р	Ч	О	Г	Р	А	Ж	Д	А	Н	С	К	И	Й	Ъ
А	К	В	Б	А	Р	Ъ	А	О	Л	У	Н	Е	Ъ	Л
В	О	Т	С	О	В	И	Л	Д	Е	В	А	Р	П	С
Е	Н	С	Ч	Я	Д	Т	Д	И	С	К	У	С	И	Я
Н	С	Н	К	С	Л	А	К	И	Т	И	Л	О	П	И
С	Т	А	М	И	Р	Е	Н	О	К	А	З	Г	И	Ц
Т	И	Д	О	Т	Х	Ш	Е	Ъ	Г	Н	И	Ч	Н	А
В	Т	Ж	Т	С	О	М	И	С	И	В	А	З	Е	Н
О	У	А	Д	А	Д	Ъ	Р	Ж	А	В	А	Е	Б	Р
Л	Ц	Р	Д	Л	О	В	М	И	С	Щ	Л	Ж	Е	Е
Р	И	Г	Ь	Б	Ц	С	П	Н	Р	О	Ю	М	Д	В
Б	Я	В	Ь	О	Л	И	Д	Е	Р	Ч	О	И	Ъ	Г
П	А	М	Е	Т	Н	И	К	Щ	И	В	И	Д	С	Й

ГРАЖДАНСТВО
ГРАЖДАНСКИ
КОНСТИТУЦИЯ
ДЕМОКРАЦИЯ
ДИСКУСИЯ
ОБЛАСТ
РАВЕНСТВО
НЕЗАВИСИМОСТ
СЪДЕБЕН
СПРАВЕДЛИВОСТ
ЗАКОН
ЛИДЕР
СВОБОДА
ПАМЕТНИК
НАЦИЯ
МИРЕН
ПОЛИТИКА
РЕЧ
ДЪРЖАВА
СИМВОЛ

54 - Art Supplies

Ю	Л	Б	П	М	Ш	Ж	У	Р	М	Е	Б	Я	Д	Щ
М	Р	О	Л	И	П	Е	Л	Т	О	К	Й	У	Ф	Р
О	У	В	К	Н	Щ	Г	И	О	Л	И	Т	С	А	М
Ч	Р	Т	Х	Г	Р	Ъ	Т	Я	И	П	С	Д	Ш	Д
П	А	С	Т	Е	Л	И	Ь	Е	В	О	Т	Е	В	Ц
Й	Д	Е	Х	А	Р	Т	И	Я	И	К	А	Г	К	К
В	О	Ч	Я	С	Л	Ц	К	Б	Л	В	Т	Л	Ф	А
А	В	Р	Ъ	А	Р	А	Т	Щ	Н	С	И	И	Ю	М
Ъ	М	О	Б	М	Г	В	Е	Н	Ц	С	В	Н	Ж	Е
М	Н	В	О	Ц	Б	У	Ч	Е	Н	Т	И	А	Ю	Р
Х	А	Т	И	К	К	В	М	Л	Ф	О	П	Д	Х	А
Г	Ц	С	Ц	К	Ш	Ф	О	И	Ч	Л	Й	Щ	Е	С
Ш	Ж	Б	Л	Т	Ч	Х	У	Р	Ч	В	Г	В	А	И
Ц	Ь	Е	Г	О	В	Ф	Г	К	А	К	Ш	А	Й	Б
А	Я	Б	У	И	Л	Е	Р	А	В	К	А	Р	Я	Я

АКРИЛЕН
ЧЕТКИ
КАМЕРА
СТОЛ
ГЛИНА
ЦВЕТОВЕ
ТВОРЧЕСТВО
СТАТИВ
ГУМИЧКА
ЛЕПИЛО
ИДЕИ
МАСТИЛО
МАСЛО
БОИ
ХАРТИЯ
ПАСТЕЛИ
МОЛИВИ
МАСА
ВОДА
АКВАРЕЛИ

55 - Science Fiction

Х	А	А	Ъ	Т	Ж	У	А	Е	Р	Щ	Г	Ф	Г	Ф
Ж	И	Л	Ж	Ш	Н	Ъ	Т	К	К	П	Х	Г	А	У
Н	Е	М	О	Т	А	С	Е	О	Ч	И	Х	Г	Л	Т
М	Ь	Н	И	И	М	В	Н	Н	П	Ф	К	Щ	А	У
Ю	И	П	Ю	К	Е	Я	А	И	Г	И	Н	К	К	Р
Л	Д	С	К	Н	А	Т	Л	К	И	Н	Я	О	Т	И
Ц	И	Б	Т	К	Ж	Л	П	Б	Л	М	О	Г	И	С
Ж	С	И	Г	Е	А	Л	И	Т	Ю	Е	Р	Ъ	К	Т
И	Т	О	Б	О	Р	Ф	Т	Б	З	Р	А	Н	А	И
У	О	С	Н	Ж	Б	И	П	Н	И	Т	К	В	Н	Ч
Г	П	Ч	Ф	Щ	О	Е	О	Н	Я	С	У	С	Ш	Е
Ф	И	К	Ч	С	Ъ	Х	С	З	У	К	Л	В	Н	Н
Ъ	Я	У	И	Ю	В	Т	Т	Т	Е	Е	Щ	Ф	Й	Е
Ч	Е	К	С	П	Л	О	З	И	Я	Н	С	Д	Ч	Ь
Н	У	Ф	Ч	Т	Е	Х	Н	О	Л	О	Г	И	Я	М

АТОМЕН
КНИГИ
ХИМИКАЛИ
КИНО
ДИСТОПИЯ
ЕКСПЛОЗИЯ
ЕКСТРЕМНИ
ОГЪН
ФУТУРИСТИЧЕН
ГАЛАКТИКА
ИЛЮЗИЯ
ВЪОБРАЖАЕМ
МИСТЕРИОЗЕН
ОРАКУЛ
ПЛАНЕТА
РОБОТИ
ТЕХНОЛОГИЯ
УТОПИЯ
СВЯТ

56 - Geometry

М	П	О	В	Ъ	Р	Х	Н	О	С	Т	Т	В	Н	Б
Н	Е	Л	А	Т	Н	О	З	И	Р	О	Х	И	О	Ъ
И	Г	Д	Т	С	Ч	И	Й	У	Е	К	Я	С	М	Г
П	Ъ	А	И	Ц	Ю	И	Ч	Ж	И	Я	Т	О	Е	Ъ
Ж	Р	Ъ	Ъ	А	Ц	Г	О	Т	Н	Г	Д	Ч	Р	Л
К	К	О	Й	М	Н	Р	Ъ	Т	Е	М	А	И	Д	С
А	Р	Ъ	П	Ш	Г	А	Й	П	Л	Я	Щ	Н	Л	И
Ф	Г	И	Ш	О	С	Ъ	Д	Щ	С	Ю	В	А	Ш	М
С	Ъ	Б	В	К	Р	Е	А	К	И	Л	И	Р	П	Е
М	Щ	Е	Ю	А	Е	Ц	К	Ь	Ч	П	П	Д	П	Т
Ж	Т	В	Н	Ш	Д	К	И	Ч	З	Щ	Г	М	Р	Р
Й	К	И	Т	Ъ	Ж	С	Г	Я	И	Р	О	Е	Т	И
С	Е	Г	М	Е	Н	Т	О	М	А	С	А	Щ	Е	Я
Щ	Е	Ф	Н	С	М	Ц	Л	Х	В	Г	Й	Ш	Ш	Я
Ч	К	Ч	Ш	И	З	М	Е	Р	Е	Н	И	Е	Ш	Щ

ЪГЪЛ
ИЗЧИСЛЕНИЕ
КРЪГ
КРИВА
ДИАМЕТЪР
ИЗМЕРЕНИЕ
ВИСОЧИНА
ХОРИЗОНТАЛЕН
ЛОГИКА
МАСА
МЕДИАНА
НОМЕР
ПРИЛИКА
ПРОПОРЦИЯ
СЕГМЕНТ
ПОВЪРХНОСТ
СИМЕТРИЯ
ТЕОРИЯ

57 - Creativity

Е	П	Р	И	С	И	Ю	Е	Ъ	Ш	А	Н	Ъ	А	И
И	А	Ж	Д	У	П	Н	О	Ш	Ь	О	Б	Ф	Р	Н
Н	У	А	Е	Й	Я	О	Т	Ш	Х	Ь	Щ	В	Т	Т
Е	У	Ц	И	Ч	Я	Ц	Н	У	К	М	Т	Ц	И	Е
Ж	М	Е	П	О	Ж	К	Е	Т	И	Т	Ж	Ф	С	Н
А	Т	О	Н	С	Я	Щ	Ч	И	А	Ц	П	Щ	Т	З
Р	Ь	Д	Ц	А	А	С	И	Ю	Й	Н	И	Ч	И	И
Б	Л	Е	Й	И	П	О	Т	Ч	Ц	А	Е	Я	Ч	Т
О	Ь	С	Р	Ч	И	Л	А	И	Н	Т	Л	Н	Е	Е
Ъ	У	М	Е	Н	И	Е	М	Ь	К	Ш	Ч	Е	Н	Т
В	Ь	Н	Е	Л	Е	Т	А	Т	Е	Р	Б	О	З	И
У	С	Е	Щ	А	Н	Е	Р	Ц	Я	Ж	У	Я	М	Д
И	Ъ	К	Я	И	Н	Е	Д	И	В	И	Ю	Ь	Ъ	Ф
А	В	Т	Е	Н	Т	И	Ч	Н	О	С	Т	Ц	Г	В
Ч	У	В	С	Т	В	А	И	З	Р	А	З	К	Ч	У

АРТИСТИЧЕН
АВТЕНТИЧНОСТ
ЯСНОТА
ДРАМАТИЧЕН
ЕМОЦИИ
ИЗРАЗ
ЧУВСТВА
ИДЕИ
ВЪОБРАЖЕНИЕ
ИНТЕНЗИТЕТ
ИНТУИЦИЯ
ИЗОБРЕТАТЕЛЕН
УСЕЩАНЕ
УМЕНИЕ
СПОНТАНЕН
ВИДЕНИЯ

58 - Airplanes

Ь	Р	Л	Е	И	Н	Е	С	Е	Р	Т	Ъ	С	К	С
Я	О	Е	Г	Ь	К	Л	Ю	К	Л	Ж	Б	П	А	Т
Х	И	Т	Р	Б	Е	Н	И	Г	В	Ь	А	У	Х	Р
П	П	А	М	С	Й	С	У	С	К	В	Л	С	У	О
Ж	Р	Г	О	Й	Ъ	В	Н	Е	Б	Е	О	К	Д	И
У	А	И	В	О	Д	О	Р	О	Д	Н	Н	А	З	Т
Д	Е	В	К	А	И	Д	Н	Ю	Ь	А	Г	Н	Ъ	Е
П	Ц	Д	И	Л	Д	С	М	Ц	Ч	Ц	О	Е	В	Л
С	О	У	Н	Т	Ю	И	Т	Х	Ц	А	Р	П	И	С
Ф	К	О	Т	И	Ч	Ч	З	О	Т	К	И	О	С	Т
Щ	Й	Ю	Ъ	В	Ж	Ь	Е	А	Р	Ь	В	С	О	В
Ь	П	Ф	П	Й	Ч	Щ	Я	Н	Й	И	О	О	Ч	О
Е	К	И	П	А	Ж	Й	М	И	И	Н	Я	К	И	Я
Д	П	Ь	Л	П	И	Л	О	Т	Ж	Е	Б	А	Н	Х
А	Т	М	О	С	Ф	Е	Р	А	Д	Н	Ь	Ш	А	Б

ПРИКЛЮЧЕНИЕ
ВЪЗДУХ
АТМОСФЕРА
БАЛОН
СТРОИТЕЛСТВО
ЕКИПАЖ
СПУСКАНЕ
ДИЗАЙН
ПОСОКА
ДВИГАТЕЛ
ГОРИВО
ВИСОЧИНА
ИСТОРИЯ
ВОДОРОД
КАЦАНЕ
ПЪТНИК
ПИЛОТ
ВИТЛА
НЕБЕ
СЪТРЕСЕНИЕ

59 - Ocean

Н	Ц	Т	Й	Е	С	Х	Ь	Ш	П	С	Л	Й	С	М
Ц	Ю	И	П	Й	Б	Ь	Я	Б	Х	Т	Е	Ф	К	К
Н	Т	Я	И	В	И	Л	И	Р	П	Р	А	М	А	Б
Ч	К	Ш	Р	И	Б	А	Г	Ч	Ш	И	К	Щ	Р	Ю
Х	Й	А	Я	У	Ц	Р	Ъ	С	С	Д	У	К	И	Т
Ш	П	К	Й	К	Б	О	Б	Я	И	А	Л	И	Д	Ч
В	Ж	Р	С	О	Л	К	А	Р	А	К	А	Т	И	М
Ж	А	У	В	С	М	Ч	Е	В	Л	К	Я	И	Н	К
Я	У	Н	Е	Г	А	Ь	Д	Е	Г	М	Г	В	Л	С
И	М	Е	Д	У	З	А	О	С	Х	У	Щ	Ч	Ъ	О
Я	Я	Т	Й	П	К	Н	П	Ф	Я	Ъ	Р	Х	В	Я
Ю	В	С	Р	З	М	И	О	Р	К	А	Й	Я	Я	А
Ь	М	О	В	В	Щ	И	Т	Т	Р	Е	Д	Ь	Щ	Б
С	Ю	К	Ж	Г	П	Х	К	Ж	Н	И	Ф	Л	Е	Д
Г	П	И	Л	С	А	Р	О	Д	О	В	Ф	Ф	Л	Ю

КОРАЛ
РАК
ДЕЛФИН
ЗМИОРКА
РИБА
МЕДУЗА
ОКТОПОД
СТРИДА
РИФ
СОЛ
ВОДОРАСЛИ
АКУЛА
СКАРИДИ
ГЪБА
БУРЯ
ПРИЛИВИ
ТОН
КОСТЕНУРКА
ВЪЛНИ
КИТ

60 - Force and Gravity

Н	О	Ш	Ф	Б	Е	С	Щ	И	Д	Т	Т	П	У	Р
Р	А	Р	А	В	Е	А	Ц	П	М	С	Р	Я	Н	А
А	Д	Л	Б	Т	Р	И	Е	Н	Е	О	Ъ	Т	И	З
З	И	Д	Я	И	Ч	А	С	М	Т	Р	Т	Е	В	С
Ш	Н	В	О	Г	Т	Й	У	Е	Е	О	Н	И	Е	Т
И	А	И	Т	Х	А	А	Я	Х	Г	К	Е	В	Р	О
Р	М	Ж	К	Ь	Й	Н	Ч	А	Л	С	Ц	Т	С	Я
Я	И	Е	Р	О	Й	В	Е	Н	О	П	Ъ	С	А	Н
В	Ч	Н	И	В	Д	Ш	О	И	О	Ъ	Л	Й	Л	И
А	Е	И	Т	Н	Д	Х	Ю	К	Ъ	Р	Б	Е	Е	Е
Н	Н	Е	И	Н	Б	С	Д	А	Л	О	Щ	Д	Н	У
Е	Ш	Т	Е	Ф	И	З	И	К	А	С	Ц	З	Й	У
И	Н	Е	Р	Ц	И	Я	Ш	В	Ч	Х	Н	Ъ	Т	Л
М	А	Г	Н	Е	Т	И	З	Ъ	М	Щ	В	В	Р	Ч
Х	П	Ъ	Ж	И	С	Т	Ж	Б	Е	И	Ь	С	Ь	Й

ОС
ЦЕНТЪР
ОТКРИТИЕ
РАЗСТОЯНИЕ
ДИНАМИЧЕН
РАЗШИРЯВАНЕ
ТРИЕНЕ
ВЪЗДЕЙСТВИЕ
МАГНЕТИЗЪМ
МЕХАНИКА
ИНЕРЦИЯ
ДВИЖЕНИЕ
ОРБИТА
ФИЗИКА
НАЛЯГАНЕ
ИМОТИ
СКОРОСТ
ЧАС
УНИВЕРСАЛЕН
ТЕГЛО

61 - Birds

Ж	Ф	К	С	М	Ъ	Е	Ч	Р	А	Н	А	К	О	Ц
Д	Ф	Т	У	Р	И	Л	А	Г	А	П	А	П	Ц	М
Н	Ж	А	Щ	К	Ч	П	Й	А	К	Д	Щ	Ю	Б	Й
Ю	А	Ш	Н	Ч	У	Я	К	О	Ф	А	К	Е	К	С
М	Ж	Ф	Ъ	Г	И	В	А	Щ	Л	Л	Е	Р	О	Д
С	Ж	Ь	Ч	Р	Ж	Р	И	Ь	Р	П	А	У	Н	О
А	Я	Ф	Ъ	П	П	У	Й	Ц	Б	А	К	С	Ъ	Г
А	Ю	Й	Й	Л	И	Х	Г	Я	А	Ч	У	Ш	В	Н
Т	У	А	Ц	Б	Н	В	Р	А	Н	А	Ж	С	Ю	И
Ц	А	М	Ц	Е	Г	Х	Т	Ц	А	Я	Е	В	Е	М
Д	Е	Б	Е	Л	В	Е	О	И	К	К	Р	Ф	Щ	А
А	К	О	К	И	И	П	М	Т	И	Ж	Ф	Б	Л	Л
Х	Ъ	Ц	Ф	П	Н	К	Ш	А	Л	К	Ц	С	Ф	Ф
Щ	Ъ	Р	К	Е	Л	Е	Н	П	Е	Ч	Б	А	Р	В
С	И	Ь	Х	Г	Б	Ч	К	Ъ	П	Т	У	К	А	Н

КАНАРЧЕ
ПИЛЕ
ВРАНА
КУКУВИЦА
ПАТИЦА
ОРЕЛ
ЯЙЦЕ
ФЛАМИНГО
ГЪСКА
ЧАЙКА
ЧАПЛА
ЩРАУС
ПАПАГАЛ
ПАУН
ПЕЛИКАН
ПИНГВИН
ВРАБЧЕ
ЩЪРКЕЛ
ЛЕБЕД
ТУКАН

62 - Nutrition

А	П	Е	Т	И	Т	Т	Е	Л	Ж	Ц	К	Т	В	И
П	Н	В	И	Ч	Р	О	Г	П	Ъ	Я	А	Е	Ъ	И
Т	Н	А	Р	И	С	Н	А	Л	А	Б	Л	Г	Г	М
Г	Ж	Р	А	Н	Р	О	В	М	Щ	П	О	Л	Л	Ъ
К	Ж	Д	О	Д	Х	И	С	С	Л	Н	Р	О	Е	Д
Й	Е	З	П	Я	Ю	М	У	Щ	Л	Е	И	О	Х	О
Д	Ь	Ц	П	Р	О	Т	Е	И	Н	И	И	А	И	Н
Ч	И	Ц	И	В	А	Н	П	У	У	А	Б	У	Д	Ф
Ш	Ж	Е	П	Ь	О	Н	Л	Е	Т	И	Н	А	Р	Х
Г	О	В	Т	С	Е	Ч	А	К	Я	Ю	Ю	У	А	Т
В	К	У	С	А	С	А	Ъ	О	Ю	Р	Г	Ф	Т	О
Я	В	И	Т	А	М	И	Н	З	Д	Р	А	В	И	К
Е	Х	Р	А	Н	О	С	М	И	Л	А	Н	Е	Ъ	С
Ф	Е	Р	М	Е	Н	Т	А	Ц	И	Я	Ж	С	Ъ	И
У	К	Е	Е	Е	А	Щ	Л	Г	П	Ъ	Я	С	Ю	Н

АПЕТИТ
БАЛАНСИРАН
ГОРЧИВ
КАЛОРИИ
ВЪГЛЕХИДРАТИ
ДИЕТА
ХРАНОСМИЛАНЕ
ЯДНИ
ФЕРМЕНТАЦИЯ
ВКУС
НАВИЦИ
ЗДРАВЕ
ЗДРАВ
ХРАНИТЕЛНО
ПРОТЕИНИ
КАЧЕСТВО
СОС
ТОКСИН
ВИТАМИН
ТЕГЛО

63 - Hiking

Х	И	Й	В	Н	В	Р	К	А	Р	Т	А	П	Б	Р
Ъ	У	Г	Б	Я	Н	О	Б	Ч	Д	Б	Л	О	О	Ъ
Т	Я	М	Е	Х	М	Б	Д	Ю	Д	Ю	А	Д	Т	К
Е	А	Д	О	Р	И	Р	П	А	Ф	В	К	Г	У	О
Ж	П	Й	Я	Р	С	Л	Ъ	Н	Ц	Е	С	О	Ш	В
Ъ	Ю	К	Щ	Ф	Е	Г	Ц	Т	Я	Д	Р	Т	И	О
К	Я	И	Ц	А	Т	Н	Е	И	Р	О	К	О	Ш	Д
Щ	Ъ	Н	Д	Е	Т	И	Б	Р	Г	Р	А	В	В	С
Щ	Ъ	Т	Л	Б	Х	П	Ь	А	Й	К	М	К	П	Т
Ш	Р	О	Ъ	Д	Ф	М	П	М	Ф	А	Ъ	А	Л	В
М	Л	В	М	Е	Ц	Ъ	Р	О	Ц	Е	Н	Д	А	А
Т	Ю	И	В	Е	Ц	К	Х	К	Ч	М	И	И	Н	П
Т	В	Ж	С	Р	К	Л	И	М	А	Т	Т	В	И	Ъ
Л	Д	Ч	Р	Ю	Ъ	П	А	Р	К	О	В	Е	Н	У
Ц	С	Ш	О	Щ	К	Х	Ц	Х	Ь	Й	Г	Н	А	Г

ЖИВОТНИ
БОТУШИ
КЪМПИНГ
СКАЛА
КЛИМАТ
РЪКОВОДСТВА
ТЕЖЪК
КАРТА
КОМАРИ
ПЛАНИНА
ПРИРОДА
ОРИЕНТАЦИЯ
ПАРКОВЕ
ПОДГОТОВКА
КАМЪНИ
ВРЪХ
СЛЪНЦЕ
УМОРЕН
ВОДА
ДИВ

64 - Professions #1

Г	Е	О	Л	О	Г	К	Н	Л	Ъ	А	Е	Л	А	М
Ч	Р	К	Я	Р	О	М	А	Ф	Ж	Ю	Й	М	Д	У
Т	С	И	Н	А	И	П	П	Р	Б	Ж	Д	Ь	В	З
Д	Ч	Ч	А	В	И	Ш	С	Я	Т	Ф	Р	Ч	О	И
Т	С	Д	Ю	Я	Л	Ю	В	И	Х	О	Ь	М	К	К
Р	Р	О	Т	К	А	Д	Е	Р	Х	Ю	Г	Т	А	А
Е	Ф	В	Р	Р	И	М	К	А	О	О	Г	Р	Т	Н
Н	П	О	Ж	А	Р	Н	И	К	А	Р	Л	М	А	Т
Ь	Ъ	Р	Е	Н	К	Р	Н	Р	Ц	Е	В	О	Л	Ф
О	Ц	П	Ю	И	М	Е	А	О	М	К	Е	Н	Г	Б
Р	Щ	О	Л	Р	Д	Т	Л	Ь	Е	Н	И	О	Щ	Я
М	С	Д	Р	Е	Ъ	У	С	Ц	Й	А	Й	Р	О	Я
Н	Х	О	Ю	Т	Ф	Ж	О	Н	И	Б	О	Т	Ш	М
У	Ш	В	Б	Е	А	И	П	А	А	Т	А	С	А	Ш
Щ	Ю	Ж	Ъ	В	Л	Б	Ч	Т	Б	И	И	А	Х	Б

ПОСЛАНИК
АСТРОНОМ
АДВОКАТ
БАНКЕР
КАРТОГРАФ
ТРЕНЬОР
ТАНЦЬОРКА
ЛЕКАР
РЕДАКТОР
ПОЖАРНИКАР
ГЕОЛОГ
ЛОВЕЦ
БИЖУТЕР
МУЗИКАНТ
ПИАНИСТ
ВОДОПРОВОДЧИК
ПСИХОЛОГ
МОРЯК
ШИВАЧ
ВЕТЕРИНАР

65 - Barbecues

П	Ш	И	Й	Ц	Н	Ж	М	П	С	О	С	П	К	Н
О	И	Т	А	Л	А	С	И	Л	Е	В	О	Ж	О	Н
У	Ъ	Л	К	С	О	Л	Г	О	М	Л	Д	З	К	Л
Г	Д	Щ	Е	Р	О	Г	М	Д	Е	В	Ю	Е	Ь	С
Ъ	А	Е	Щ	Ъ	Л	У	Е	О	Й	И	Я	Л	Р	Р
Е	Л	Х	Ц	Ь	Ъ	Г	М	В	С	Л	В	Е	Е	Л
А	Г	И	Т	А	М	О	Д	Е	Т	И	Ж	Н	Ю	Щ
Ю	Ц	Л	Т	К	Н	Т	И	Я	В	Ц	Ш	Ч	Я	Г
Н	И	Ч	Ш	И	Е	А	У	Ц	О	И	Й	У	С	Б
Щ	Т	Т	И	З	Г	Я	Р	Е	Ч	Е	В	Ц	К	М
Ц	Ю	Ю	П	У	В	Р	Т	Х	К	П	Ь	И	А	Л
У	Д	А	Ш	М	Н	Ю	Б	А	Р	Х	Х	И	Р	Я
П	Р	И	Я	Т	Е	Л	И	Б	А	Л	М	Г	А	Т
Й	Г	Н	Д	В	У	С	С	Х	Л	Р	Б	Р	Р	О
Х	Ю	Х	О	Р	Ш	П	У	Е	Т	А	Ь	И	Л	Ж

ПИЛЕ
ДЕЦА
ВЕЧЕРЯ
СЕМЕЙСТВО
ХРАНА
ВИЛИЦИ
ПРИЯТЕЛИ
ПЛОДОВЕ
ИГРИ
СКАРА
ГОРЕЩ
ГЛАД
НОЖОВЕ
МУЗИКА
САЛАТИ
СОЛ
СОС
ЛЯТО
ДОМАТИ
ЗЕЛЕНЧУЦИ

66 - Chocolate

Щ	О	Г	Х	П	К	А	К	А	О	П	С	А	К	Е
Ш	С	Ъ	С	Т	А	В	К	А	П	Х	Л	К	А	К
З	А	Н	А	Я	Т	Ч	И	Й	С	К	И	А	Ч	З
А	Н	Т	И	О	К	С	И	Д	А	Н	Т	Л	Е	О
Р	Х	Е	К	М	Е	Т	О	А	Ц	Ю	Й	О	С	Т
Р	О	П	С	Д	Х	Й	А	Щ	Я	М	Е	Р	Т	И
Ч	Щ	Ф	Т	У	Ф	Ъ	С	Т	Ъ	Ц	И	И	В	Ч
З	А	Х	А	Р	К	Ф	Ш	Й	П	В	Ь	И	О	Е
Ж	Л	А	М	Ж	Н	В	Т	М	С	Е	Ц	Д	Х	Н
К	О	К	О	С	О	В	О	Р	Е	Х	Ц	Р	К	Б
Ч	Ъ	Ь	Р	Й	Ю	И	Ж	Д	М	М	Г	Е	Ю	О
Ш	Ц	Д	А	Ц	В	Ч	Ь	Р	В	К	У	С	Р	Н
Я	Т	Н	А	Р	А	Р	Ш	М	Б	У	Е	Н	У	Б
М	И	Б	Ю	Л	У	О	К	А	Р	А	М	Е	Л	О
А	Х	Л	Х	Ч	С	Г	Ь	Ю	П	Р	А	Х	У	Н

АНТИОКСИДАНТ
АРОМАТ
ЗАНАЯТЧИЙСКИ
ГОРЧИВ
КАКАО
КАЛОРИИ
БОНБОН
КАРАМЕЛ
КОКОСОВ ОРЕХ
ВКУСЕН
ЕКЗОТИЧЕН
ЛЮБИМ
СЪСТАВКА
ФЪСТЪЦИ
ПРАХ
КАЧЕСТВО
РЕЦЕПТА
ЗАХАР
СЛАДЪК
ВКУС

67 - Vegetables

Д	П	М	П	Ф	Б	Ю	Д	Ф	В	Й	Т	В	Ь	Ш
Ж	А	А	П	Я	Р	Р	Т	И	С	Х	Я	У	К	Ш
И	Т	Г	Й	Г	В	Ф	О	А	Ч	А	Б	Ъ	Г	А
Н	Л	Д	У	В	Х	Ц	Л	К	Х	Р	Л	У	Я	Ц
Д	А	А	Ю	Г	Ю	Я	А	Ч	О	Г	Л	А	Ч	И
Ж	Д	Н	Ь	Ж	Ю	Ъ	Ш	И	Й	Л	Л	У	Т	В
И	Ж	О	А	П	У	П	Б	П	И	Б	И	Ь	К	А
Ф	А	З	А	Т	Ф	И	Л	Е	Х	И	У	В	А	Т
И	Н	Н	К	О	Ш	И	Т	Р	А	Й	Р	Х	Н	С
Л	О	И	Ф	Р	А	К	М	О	Р	К	О	В	А	А
Ю	Ц	К	Т	Д	Ч	Е	С	Ъ	Н	Ъ	Ц	Ц	П	Р
Ь	Ц	Е	Л	И	Н	А	Д	О	М	А	Т	М	С	К
Я	Ь	Ф	С	Г	Й	П	Е	А	Ь	Т	И	К	В	А
Х	С	Ъ	С	Е	М	Л	Г	Ъ	Е	Ш	Т	Л	Ж	Ц
Ч	Г	Н	Б	Й	Е	Г	Я	Щ	Т	Г	Ш	У	Ь	Б

АРТИШОК
БРОКОЛИ
МОРКОВ
КАРФИОЛ
ЦЕЛИНА
КРАСТАВИЦА
ПАТЛАДЖАН
ЧЕСЪН
ДЖИНДЖИФИЛ
ГЪБА
ЛУК
МАГДАНОЗ
ГРАХ
ТИКВА
РЕПИЧКА
САЛАТА
ШАЛОТ
СПАНАК
ДОМАТ
РЯПА

68 - The Media

Н	К	О	М	У	Н	И	К	А	Ц	И	Я	Ф	М	Ж
О	Б	Щ	Е	С	Т	В	Е	Н	Р	И	Н	У	Й	У
С	И	Ш	Т	Д	Я	О	Ъ	Е	А	К	Л	Ш	Х	Л
П	Н	Д	Ж	Л	Щ	Р	Т	Т	Д	С	Ж	Р	О	В
И	Д	В	Х	Д	Ю	Ф	О	С	И	В	Ж	У	Я	И
С	И	Е	И	Я	С	И	К	Е	О	О	Ц	Й	И	Н
А	В	С	Ъ	А	А	Ц	С	М	Н	Г	Я	Ь	Н	Д
Н	И	Т	Ф	И	Н	А	Н	С	И	Р	А	Н	Е	У
И	Д	Н	У	М	Й	Ж	Ю	В	Г	Ъ	Е	М	Ж	С
Я	У	И	Ч	А	А	Е	Ф	А	К	Т	И	Н	А	Т
Щ	А	Ц	А	Л	Л	Р	Й	П	Ю	Щ	Н	Е	Р	Р
Д	Л	И	Х	К	Н	М	Ц	Г	Ш	Й	А	Н	Б	И
Ж	Е	У	Р	Е	О	М	Н	Ф	Р	Ц	Д	И	О	Я
М	Н	Ц	У	Р	Т	Н	Ж	Н	Т	Р	З	Е	З	Р
О	Б	Р	А	З	О	В	А	Н	И	Е	И	Ж	И	С

РЕКЛАМИ
ТЪРГОВСКИ
КОМУНИКАЦИЯ
ЦИФРОВ
ИЗДАНИЕ
ОБРАЗОВАНИЕ
ФАКТИ
ФИНАНСИРАНЕ
ИЗОБРАЖЕНИЯ
ИНДИВИДУАЛЕН
ИНДУСТРИЯ
МЕСТЕН
СПИСАНИЯ
МРЕЖА
ВЕСТНИЦИ
ОНЛАЙН
МНЕНИЕ
ОБЩЕСТВЕН
РАДИО

69 - Boats

Р	Ш	Н	Т	Р	Ш	Г	Ф	Ч	Щ	Я	Ч	Ю	Ш	Ф
Е	Р	О	М	О	К	А	Я	К	У	М	И	Е	А	Р
К	Ц	Х	Ч	Х	Я	Ц	Р	Д	Х	К	М	В	Ч	Е
А	Т	Х	Я	В	Р	Х	Ю	Б	П	Й	А	Ч	Р	Ф
Р	А	Е	М	Ц	О	Л	А	С	Е	Ю	О	Н	Х	Ч
У	К	И	Р	Ь	М	Ж	Е	Я	Ц	Ф	К	Ъ	У	К
Д	Д	О	Г	Ц	М	А	Ч	Т	А	Ъ	Е	Ь	Ф	Щ
Н	О	Б	Т	Ш	Ь	П	Х	О	А	С	А	Х	С	Н
А	Х	Ю	М	В	Т	И	Е	Б	У	Г	Н	А	Ц	К
М	О	Ш	Б	И	А	К	Ц	И	С	А	И	Ш	В	Ъ
А	Н	Р	Х	Л	Б	Е	У	Р	С	Ч	К	В	Ч	Ш
Ш	Т	В	Ш	И	Р	А	Ц	Е	О	Д	С	Ф	Д	Д
Л	А	Ъ	Я	Р	В	М	Я	Ф	Й	О	Р	Е	З	Е
Ф	Л	В	О	П	В	Ъ	Ж	Е	Ж	К	О	В	И	Ц
Г	П	Ф	О	У	Г	Ъ	Ъ	Р	Щ	О	М	Я	П	П

КОТВА
ШАМАНДУРА
КАНУ
ЕКИПАЖ
ДОК
ДВИГАТЕЛ
ФЕРИБОТ
КАЯК
ЕЗЕРО
МАЧТА
МОРСКИ
ОКЕАН
САЛ
РЕКА
ВЪЖЕ
ПЛАТНОХОДКА
МОРЯК
МОРЕ
ПРИЛИВ
ЯХТА

70 - Activities and Leisure

Б	О	К	С	Щ	К	Г	Т	Р	И	Б	О	Л	О	В
Г	Ж	Д	Р	Л	Т	Ж	М	У	П	Г	Щ	Я	Ж	Ю
Р	Ж	И	В	О	П	И	С	У	Р	Т	Р	Ь	К	С
А	П	Р	О	Я	Н	А	А	Д	Р	И	Р	М	П	Б
Д	А	Е	Ш	Ч	О	В	Т	С	У	К	З	И	Ь	А
И	З	Л	Ъ	Д	С	Н	Ъ	И	Ц	В	А	Ъ	Ч	С
Н	А	А	Щ	Е	Е	Б	Л	Н	М	Б	Т	Н	М	К
А	Р	К	Е	Я	Ь	Р	К	Е	Ф	Ц	И	К	Е	Е
Р	У	С	П	Н	М	К	И	Т	Ч	Ж	Б	Ъ	К	Т
С	В	И	Ь	Д	А	М	Ш	Х	Ц	Г	О	М	Б	Б
Т	А	Р	А	Я	В	В	Ш	Ю	Х	Ъ	Х	П	Г	О
В	Н	А	Ъ	Н	У	Ф	У	Т	Б	О	Л	И	А	Л
О	Е	Щ	Я	Х	Т	О	Ф	Л	О	Г	Г	Н	Щ	М
Щ	Ц	А	Д	Г	Ъ	Щ	Ж	Ф	П	М	Я	Г	М	У
Ч	Ц	С	О	Д	П	Б	Е	Й	З	Б	О	Л	Т	У

ИЗКУСТВО
БЕЙЗБОЛ
БАСКЕТБОЛ
БОКС
КЪМПИНГ
ГМУРКАНЕ
РИБОЛОВ
ГРАДИНАРСТВО
ГОЛФ
ТУРИЗЪМ
ХОБИТА
ЖИВОПИС
РЕЛАКСИРАЩА
ПАЗАРУВАНЕ
ФУТБОЛ
ПЛУВАНЕ
ТЕНИС
ПЪТУВАМ

71 - Driving

Щ	К	Н	Д	С	Л	Б	Х	Ф	П	Т	Д	О	М	Я
В	Ж	Б	Н	Ъ	И	Е	М	В	Л	У	Р	П	О	М
Т	Р	А	Ф	И	К	З	Я	И	И	Н	Ю	А	Т	Ю
Г	Ч	К	Р	Ц	Т	О	И	К	Ц	Е	Л	С	О	Я
Й	Ж	У	М	А	Ф	П	Ц	Ч	Е	Л	В	Н	Ц	Р
Х	С	Л	П	Д	Г	А	И	А	Н	И	Ф	О	И	Щ
Г	Г	О	П	Ъ	Т	С	Л	Р	З	Ю	У	С	К	Р
П	А	П	У	Ф	Ч	Н	О	И	М	А	К	Т	Л	Б
Р	З	О	Ф	Н	Ц	О	П	П	Ъ	Ь	Ч	С	Е	М
К	Г	Л	Ю	Ь	М	С	В	С	Б	У	Ж	О	Т	Д
О	А	З	Т	Й	М	Т	Ш	О	Ф	Ь	О	Р	Е	Ъ
К	В	Р	Г	А	Д	О	Г	О	Р	И	В	О	Ж	М
С	Я	Х	Т	Ж	А	К	Т	К	О	Л	А	К	Я	В
Й	О	Щ	П	А	Е	Ц	Р	О	Ч	Ц	Ж	С	М	Ь
П	Е	Ш	Е	Х	О	Д	Е	Ц	Р	У	П	Я	Я	У

ЗЛОПОЛУКА
СПИРАЧКИ
КОЛА
ОПАСНОСТ
ШОФЬОР
ГОРИВО
ГАРАЖ
ГАЗ
ЛИЦЕНЗ
КАРТА
МОТОР
МОТОЦИКЛЕТ
ПЕШЕХОДЕЦ
ПОЛИЦИЯ
ПЪТ
БЕЗОПАСНОСТ
СКОРОСТ
ТРАФИК
КАМИОН
ТУНЕЛ

72 - Biology

В	В	Я	Ж	П	С	Ь	О	Г	У	Ч	Е	Л	В	С
А	Н	А	Т	О	М	И	Я	Ф	С	Й	М	И	Ф	Т
Й	Н	С	Ф	Е	Й	Ю	Я	О	И	Й	Б	Т	Р	Б
И	Я	А	Ю	О	К	А	И	Т	М	Щ	Р	Ф	Т	Д
О	С	М	О	З	А	К	А	О	Б	М	И	З	Н	Е
Е	В	О	Л	Ю	Ц	И	Я	С	И	М	О	Х	О	П
Й	Ж	Щ	Б	С	Ч	Д	С	И	О	У	Н	Б	Р	Щ
Д	Ю	Ц	У	Ю	Щ	Г	С	Н	З	Т	О	А	В	Н
Ю	П	С	П	А	Н	И	С	Т	А	А	М	К	Е	Е
Ч	В	Е	Е	Ш	Х	Е	И	Е	Ъ	Ц	Р	Т	Н	Р
П	Р	О	Т	Е	И	Н	Г	З	М	И	О	Е	Щ	В
П	Р	И	Р	О	Д	Е	Н	А	С	Я	Х	Р	А	Ц
Б	О	З	А	Й	Н	И	К	Т	Л	Ц	Г	И	М	Ъ
Х	Р	О	М	О	З	О	М	А	Х	О	И	И	Б	Я
Ъ	Д	Н	Ъ	Ю	У	Ь	К	Л	Е	Т	К	А	Ш	Ф

АНАТОМИЯ
БАКТЕРИИ
КЛЕТКА
ХРОМОЗОМА
КОЛАГЕН
ЕМБРИОН
ЕНЗИМ
ЕВОЛЮЦИЯ
ХОРМОН
БОЗАЙНИК
МУТАЦИЯ
ПРИРОДЕН
НЕРВ
НЕВРОН
ОСМОЗА
ФОТОСИНТЕЗА
ПРОТЕИН
ВЛЕЧУГО
СИМБИОЗА
СИНАПС

73 - Professions #2

И	Ш	И	Р	Ь	О	У	А	Ф	А	А	Щ	И	Х	Г
Ч	Н	Ъ	А	Ю	Ь	Ч	С	И	Ъ	Ф	Ж	Л	У	Р
Я	Г	Ж	К	Ъ	Р	И	Т	Л	К	О	У	Ю	Д	А
О	Б	Г	Е	Л	А	Т	Р	О	Р	Т	Р	С	О	Д
У	И	Щ	Т	Н	К	Е	О	С	Г	О	Н	Т	Ж	И
Д	З	Ю	О	Г	Е	Л	Н	О	О	Г	А	Р	Н	Н
Е	О	Ж	И	Ч	Л	Р	А	Ф	Л	Р	Л	А	И	А
Т	Б	И	Л	С	О	Е	В	Х	О	А	И	Т	К	Р
Е	Р	З	Б	У	Б	М	Т	К	И	Ф	С	О	М	А
К	Е	О	И	Ь	Ъ	Р	Ч	Б	Б	Р	Т	Р	С	К
Т	Т	О	Б	У	З	Е	О	Х	Ш	Ф	У	Ф	О	Е
И	А	Л	Й	А	Ц	Ф	П	И	Л	О	Т	Р	Ю	Л
В	Т	О	Ф	Х	Д	К	Н	М	Щ	В	О	Р	Г	Д
У	Е	Г	Ж	У	Я	Л	Л	И	Н	Г	В	И	С	Т
Б	Л	В	В	Ъ	Ж	Ч	Й	Ц	Ь	У	Ц	Ш	У	Я

АСТРОНАВТ
БИОЛОГ
ЗЪБОЛЕКАР
ДЕТЕКТИВ
ИНЖЕНЕР
ФЕРМЕР
ГРАДИНАР
ИЛЮСТРАТОР
ИЗОБРЕТАТЕЛ
ЖУРНАЛИСТ
БИБЛИОТЕКАР
ЛИНГВИСТ
ХУДОЖНИК
ФИЛОСОФ
ФОТОГРАФ
ЛЕКАР
ПИЛОТ
ХИРУРГ
УЧИТЕЛ
ЗООЛОГ

74 - Mythology

Т	С	О	Н	В	Е	Р	Д	Е	Ъ	А	Б	К	Л	С
В	М	П	П	П	П	М	У	Щ	Г	Р	О	Е	А	Ю
М	Ъ	Р	Г	И	О	У	Р	И	О	Ч	Ж	И	Б	Ж
Ж	Р	Ш	Ц	Т	Т	В	И	В	Ч	Л	Е	Т	И	Г
Ц	Т	Л	У	Е	Е	Б	Е	О	Ш	Д	С	Р	Р	Ф
Ф	Е	О	Ь	Х	Б	Б	И	Д	Г	Щ	Т	Ъ	И	Щ
Ж	Н	Ь	Я	Р	Е	И	В	У	Е	П	В	М	Н	Е
Ч	Щ	К	Ц	А	Н	Г	Т	Ч	Ж	Н	А	С	Т	Г
М	Ъ	Л	Н	И	Я	Е	С	Я	Щ	Р	И	З	В	Е
Х	В	Е	Н	А	В	А	Д	З	Ъ	С	Б	Е	О	Р
Ж	Й	У	В	Ф	А	В	Е	Л	У	Ф	У	Б	И	О
Х	Ж	Х	Ч	Ь	Ш	Д	Б	Ь	Р	Ц	Б	В	Н	Й
П	О	В	Я	Р	В	А	Н	И	Я	О	Н	Ю	Т	Х
В	Л	Е	Г	Е	Н	Д	А	Р	У	Т	Л	У	К	Й
О	Т	М	Ъ	Щ	Е	Н	И	Е	Ю	Ч	О	Ш	Д	М

АРХЕТИП
ПОВЕДЕНИЕ
ВЯРВАНИЯ
СЪЗДАВАНЕ
КУЛТУРА
БОЖЕСТВА
БЕДСТВИЕ
НЕБЕТО
ГЕРОЙ
БЕЗСМЪРТИЕ
РЕВНОСТ
ЛАБИРИНТ
ЛЕГЕНДА
МЪЛНИЯ
ЧУДОВИЩЕ
СМЪРТЕН
ОТМЪЩЕНИЕ
ГРЪМ
ВОИН

75 - Agronomy

З	А	Б	О	Л	Я	В	А	Н	И	Я	З	М	В	Е
Т	О	Р	К	Ш	И	С	Д	Т	В	И	А	Ч	У	К
З	Ж	О	А	Г	З	Е	Е	С	Б	Н	М	П	Д	О
У	Е	З	Ю	С	О	Л	Р	Ъ	У	Е	Ъ	Р	Ю	Л
Ю	Т	Л	Е	П	Р	С	С	Щ	Р	Т	Р	О	С	О
И	С	О	Е	М	Е	К	Д	М	П	С	С	И	Ф	Г
Т	А	Щ	Р	Н	Е	И	И	П	Щ	А	Я	З	Щ	И
Ж	Р	Ф	Т	Г	Ч	Д	Е	Ц	Б	Р	В	В	Х	Я
Ф	Б	И	Я	Р	А	У	Е	К	Щ	Г	А	О	Р	И
Д	Е	А	К	У	А	Н	Ц	Л	Й	Ф	Н	Д	А	Г
С	И	С	Т	Е	М	И	И	И	И	Ь	Е	С	Н	Р
С	Е	М	Е	Н	А	Й	А	Ч	Ш	Е	Р	Т	А	Е
Х	Ч	Х	М	И	Д	Ъ	Я	Ф	Н	Т	Й	В	Ф	Н
Т	И	Й	Л	П	О	М	Ц	Ъ	Е	И	В	О	Ю	Е
Ж	Г	Ю	Ф	О	В	Ч	Л	И	Ш	Г	Х	Ъ	М	Т

ЗАБОЛЯВАНИЯ
ЕКОЛОГИЯ
ЕНЕРГИЯ
СРЕДА
ЕРОЗИЯ
ЗЕМЕДЕЛИЕ
ТОР
ХРАНА
РАСТЕЖ
ОРГАНИЧНИ
РАСТЕНИЯ
ЗАМЪРСЯВАНЕ
ПРОИЗВОДСТВО
СЕЛСКИ
НАУКА
СЕМЕНА
УЧА
СИСТЕМИ
ЗЕЛЕНЧУЦИ
ВОДА

76 - Hair Types

Х	Т	Ю	Ф	М	Х	У	С	Е	О	П	В	Х	Ь	Ц
Х	П	О	И	М	М	Р	Ъ	П	Г	П	Ю	Ъ	А	В
Д	Ш	К	Н	Ю	Ф	А	К	Я	Л	Ъ	У	И	П	К
Е	Ч	Ч	З	Ч	Щ	А	Щ	Ь	Ъ	Е	Т	Б	Р	Ш
Б	Ш	Е	А	С	У	Р	И	О	Д	Е	Т	Б	Я	Л
Е	О	И	Р	П	Л	Е	Ш	И	В	М	И	Е	Н	И
Л	Ь	Н	Б	Е	С	К	Ъ	Н	Ъ	Т	И	У	Н	Ч
Я	Ц	Ч	О	П	Н	А	К	Д	А	Л	Г	С	Б	Т
Л	Ц	М	О	И	Ч	Ф	Е	Ц	И	У	У	Е	Ш	Д
Ш	Ч	У	Н	М	О	Я	М	Ь	М	Ъ	Ю	К	В	П
Б	Я	Ч	Л	Й	Г	В	А	К	С	Ъ	Л	Л	Ч	Л
Й	Л	Т	Ъ	С	А	А	И	Ц	И	Р	Д	Ъ	К	И
Р	Ч	Ь	В	А	Ч	Р	У	С	В	Ъ	Й	М	П	Т
Ш	Д	Ч	В	А	Р	Д	Ъ	К	Т	Л	И	Ш	М	К
К	И	Щ	Ж	Ш	Д	З	Р	Ю	Й	Х	Ю	Т	Ф	И

ПЛЕШИВ
ЧЕРЕН
РУСА
СПЛЕТЕН
ПЛИТКИ
КАФЯВ
КЪДРИЦИ
КЪДРАВ
СУХ
СИВ
ЗДРАВ
ДЪЛГО
ЛЪСКАВ
КЪС
ГЛАДКА
МЕК
ДЕБЕЛ
ТЪНЪК
ВЪЛНООБРАЗНИ
БЯЛ

77 - Garden

Я	М	Д	И	Л	Й	Ч	Ч	Н	Е	А	Т	Т	Г	Н
Е	Ю	С	Ч	С	П	Ф	К	Ф	К	Ю	Б	Ш	А	С
М	С	Д	Ч	Ш	Р	И	Б	Е	Г	Л	П	Й	Р	К
Ъ	П	Е	Й	К	А	П	О	Ч	В	А	Г	Ъ	А	А
Т	Ф	Ж	С	Г	Ф	Е	Ъ	Ц	В	Е	Т	Е	Ж	Л
У	Е	П	Ф	Ъ	Н	Х	Ъ	Я	Ж	Ц	Г	Е	Т	И
Т	А	Р	К	Д	Ъ	Р	В	О	Б	Р	Й	К	Л	Ф
А	Ч	Я	А	В	Е	Р	Т	Ь	А	Е	Ц	Р	П	Н
Б	Е	М	М	С	Ь	Ь	Я	Ф	О	З	Е	К	Л	Х
В	Д	Ц	А	М	А	Я	М	Я	В	Е	Т	Ъ	Е	Ш
Ч	Ч	Т	Х	С	А	Н	И	Д	А	Р	Г	Я	В	Й
И	Б	К	С	Й	Ф	Ч	М	О	Й	З	Я	Ъ	Е	Я
Т	Л	Х	Р	А	К	А	Д	А	Р	Г	О	С	Л	Т
Ж	Г	Ч	У	К	Р	А	М	Т	Й	Г	Ъ	Л	И	Т
Л	О	П	А	Т	А	Х	В	Е	Р	А	Н	Д	А	Р

ПЕЙКА
ХРАСТ
ОГРАДА
ЦВЕТЕ
ГАРАЖ
ГРАДИНА
ТРЕВА
ХАМАК
МАРКУЧ
ЕЗЕРЦЕ
ВЕРАНДА
РАКА
СКАЛИ
ЛОПАТА
ПОЧВА
ТЕРАСА
БАТУТ
ДЪРВО
ЛОЗА
ПЛЕВЕЛИ

78 - Diplomacy

Ж	Р	Х	С	И	Ж	Т	С	О	Н	Р	У	Г	И	С
П	Е	У	Р	Ю	Й	Т	П	Ч	П	У	М	Я	Ц	Ъ
О	З	М	В	Ъ	Ь	Ш	Р	Л	О	Ж	У	Б	А	В
Л	О	А	Ь	К	Щ	К	А	Т	С	О	Л	Я	Ц	Е
И	Л	Н	С	Ф	Ч	Е	В	Х	Л	Ш	Д	И	К	Т
Т	Ю	И	П	В	Н	И	Е	Ч	А	И	О	С	О	Н
И	Ц	Т	Ц	Е	И	Н	Д	П	Н	Л	Г	У	Н	И
К	И	А	К	И	Т	Е	Л	Н	И	Г	О	К	Ф	К
А	Я	Р	К	Н	З	Ш	И	О	К	Р	В	С	Л	Ж
Ь	Ф	Е	Б	А	К	Е	В	Г	Б	Ф	О	И	И	Р
О	Щ	Н	И	Д	Т	Р	О	С	Н	Щ	Р	Д	К	Ш
Т	Ф	Ъ	Г	Ж	Ю	Х	С	Ю	Ш	Г	Н	Х	Т	Щ
Ю	Г	Ъ	Й	А	Б	С	Т	Т	Я	Я	Щ	О	А	Б
Н	Е	Н	А	Р	Т	С	Е	Д	Ж	У	Ч	Я	С	И
Й	И	Т	Ф	Г	П	О	С	О	Л	С	Т	В	О	Т

СЪВЕТНИК
ПОСЛАНИК
ГРАЖДАНИ
ОБЩНОСТ
КОНФЛИКТ
ДИСКУСИЯ
ПОСОЛСТВО
ЕТИКА
ЧУЖДЕСТРАНЕН
ХУМАНИТАРЕН
ЦЯЛОСТ
СПРАВЕДЛИВОСТ
ЕЗИЦИ
ПОЛИТИКА
РЕЗОЛЮЦИЯ
СИГУРНОСТ
РЕШЕНИЕ
ДОГОВОР

79 - Countries #1

У	Л	А	Г	Е	Н	Е	С	К	К	Г	Ь	Л	М	Й
А	И	Д	Н	Ф	В	Е	Н	Е	Ц	У	Е	Л	А	Д
И	Б	К	Д	О	Д	О	А	Я	П	А	Н	А	М	А
Р	И	Н	И	К	А	Р	А	Г	У	А	Ъ	Д	М	К
А	Я	И	Н	Ъ	М	У	Р	Р	Ш	О	Р	Б	А	Х
К	С	И	К	Г	Е	Р	М	А	Н	И	Я	Ш	Н	Ф
И	Я	Я	Н	Ж	Ъ	В	У	У	Г	Ц	У	Щ	Т	Ъ
Ф	И	Н	Л	А	Н	Д	И	Я	И	З	Р	А	Е	Л
Е	Г	Х	В	А	П	Ш	Ч	И	К	П	Н	Х	И	Ж
Г	Е	Е	Ч	В	Д	С	Я	Л	Л	А	О	Ф	В	Б
И	В	Ш	С	У	Т	М	И	И	А	Ж	Н	Л	Ъ	Д
П	Р	Л	У	Ъ	Х	П	Л	З	Т	Р	Ф	А	Ш	Н
Е	О	К	О	Р	А	М	А	А	В	Ж	Ъ	М	Д	А
Т	Н	О	Ю	А	Ю	Ф	Т	Р	И	Е	Е	И	Й	А
У	Ц	Ш	Ж	А	Й	Х	И	Б	Я	Я	У	М	И	С

БРАЗИЛИЯ
КАНАДА
ЕГИПЕТ
ФИНЛАНДИЯ
ГЕРМАНИЯ
ИРАК
ИЗРАЕЛ
ИТАЛИЯ
ЛАТВИЯ
ЛИБИЯ
МАРОКО
НИКАРАГУА
НОРВЕГИЯ
ПАНАМА
ПОЛША
РУМЪНИЯ
СЕНЕГАЛ
ИСПАНИЯ
ВЕНЕЦУЕЛА
ВИЕТНАМ

80 - Immigration

Е	А	П	Д	Й	Б	В	П	Т	Ж	Д	Д	Д	А	М
П	Ф	Б	Р	Е	Ц	И	Ф	О	П	Н	Е	О	У	У
Я	И	Ц	А	У	Т	И	С	Я	М	Л	Ц	К	К	Е
Д	Ц	Н	Б	В	Д	Б	Л	Ч	Ф	О	А	У	Р	К
Ф	И	Н	А	Н	С	И	Р	А	Н	Е	Щ	М	А	О
У	Н	О	Е	И	Н	Е	Р	Б	О	Д	О	Е	Е	М
Н	А	К	Я	Р	Щ	В	И	Е	Н	Ъ	Ш	Н	Н	У
Ш	Р	А	М	Н	Х	Р	Ъ	Ъ	Ш	Н	О	Т	С	Н
Г	Г	З	П	М	В	О	Щ	З	М	Е	Ь	И	Р	И
Е	З	И	К	А	Т	И	Г	Ц	Р	Й	Н	Ц	О	К
П	Р	О	Ц	Е	С	Е	Р	Т	С	А	Щ	И	К	А
Т	Ч	Т	Ч	З	А	Щ	И	Т	А	М	С	У	Е	Ц
Ю	Ь	И	Х	У	Ъ	Ж	И	Л	И	Щ	Е	Т	Щ	И
А	Д	М	И	Н	И	С	Т	Р	А	Ц	И	Я	Н	Я
П	Р	Е	Г	О	В	О	Р	И	Н	Л	М	Я	Ш	И

АДМИНИСТРАЦИЯ
ВЪЗРАСТНИ
ПОМОЩ
ОДОБРЕНИЕ
ГРАНИЦИ
ДЕЦА
КОМУНИКАЦИЯ
КРАЕН СРОК
ДОКУМЕНТИ
ФИНАНСИРАНЕ
ЖИЛИЩЕ
ЕЗИК
ЗАКОН
ПРЕГОВОРИ
ОФИЦЕР
ПРОЦЕС
ЗАЩИТА
СИТУАЦИЯ
РЕШЕНИЕ
СТРЕС

81 - Adjectives #1

А	П	Р	И	В	Л	Е	К	А	Т	Е	Л	Е	Н	Ц
Т	Р	М	О	Ц	У	Щ	Х	Л	Щ	Г	Я	Щ	Е	Е
Й	Е	О	Я	Т	Ъ	Н	Ъ	К	Е	Ю	Я	Р	В	Н
И	Н	Ж	М	Ж	М	Е	У	О	Д	Д	Н	О	А	Е
И	Ъ	Ц	Ъ	А	И	Т	Ь	В	Ъ	Ш	Н	У	Б	Н
Ъ	Б	У	Е	К	Т	С	Й	Ч	Р	Й	Е	Щ	М	Е
В	А	Ж	Н	О	Н	Е	Ч	И	Т	О	З	К	Е	К
Т	Х	Ц	Е	Н	Е	Ч	Н	Х	Х	Ш	О	Й	С	Р
А	А	Я	Т	З	Р	Щ	А	С	Т	Л	И	В	Е	А
Е	П	А	Ю	Е	Е	Т	Ъ	Е	И	М	Ц	Л	Р	С
М	Т	Г	Л	Л	Д	Х	Ъ	Й	П	К	И	М	И	И
Ч	Г	Ъ	О	О	О	М	Л	М	Г	И	Б	Н	О	В
Ч	Т	Ц	С	П	М	А	И	У	Н	М	М	А	З	С
Ъ	Л	Щ	Б	Н	И	Ь	В	Р	Р	О	А	Ц	Е	Й
Л	П	Ч	А	И	Д	Е	Н	Т	И	Ч	Е	Н	Н	Т

АБСОЛЮТЕН
АМБИЦИОЗЕН
АРОМАТЕН
ПРИВЛЕКАТЕЛЕН
КРАСИВ
ТЪМНО
ЕКЗОТИЧЕН
ЩЕДЪР
ЩАСТЛИВ
ТЕЖЪК
ПОЛЕЗНО
ЧЕСТЕН
ИДЕНТИЧЕН
ВАЖНО
МОДЕРЕН
СЕРИОЗЕН
БАВЕН
ТЪНЪК
ЦЕНЕН

82 - Technology

Л	Ч	Н	Ш	Г	Х	И	Е	Ъ	Д	Р	Б	А	У	Н
С	О	Ф	Т	У	Е	Р	Н	К	Ц	Я	У	Ъ	Ч	Б
С	Ц	Л	Щ	В	Й	Я	С	Т	Р	И	Н	Н	А	Д
О	Е	Б	Ь	Ь	Х	А	Т	С	Е	А	Ф	Б	М	Ж
Б	Р	А	У	З	Ъ	Р	А	О	Н	Р	Н	Р	Ю	И
Г	О	Л	Б	Й	К	Е	Т	Н	А	Ц	Н	Й	О	Ж
Ж	С	Й	Ю	Ц	Л	М	И	Р	В	М	В	Е	Г	В
Д	Р	А	Ф	М	Ч	А	С	У	Д	Г	И	Л	Т	Р
Ш	У	Ф	Ь	И	Ж	К	Т	Г	Е	Б	Р	П	Ф	В
Н	К	Д	М	К	Ч	У	И	И	Л	А	Т	С	И	И
Д	А	У	Х	И	И	Б	К	С	С	Й	У	И	Р	Р
Ъ	С	Я	Е	Р	Ч	В	А	М	З	Т	А	Д	Ш	У
С	Ъ	О	Б	Щ	Е	Н	И	Е	И	О	Л	Д	Ф	С
Й	О	К	О	М	П	Ю	Т	Ъ	Р	В	Е	Ъ	К	О
Я	Г	Ф	П	П	С	К	Й	Ю	Ъ	Е	Н	Щ	Е	Щ

БЛОГ
БРАУЗЪР
БАЙТОВЕ
КАМЕРА
КОМПЮТЪР
КУРСОР
ДАННИ
ЦИФРОВ
ДИСПЛЕЙ
ФАЙЛ
ШРИФТ
ИНТЕРНЕТ
СЪОБЩЕНИЕ
ИЗСЛЕДВАНЕ
ЕКРАН
СИГУРНОСТ
СОФТУЕР
СТАТИСТИКА
ВИРТУАЛЕН
ВИРУС

83 - Landscapes

Ю	А	А	П	А	Ъ	М	О	А	Б	П	Б	Ж	Я	О
Т	К	Б	У	К	Л	Ч	К	Х	Й	Т	Х	О	Д	С
А	Е	А	С	Г	Ю	Ю	Е	Ц	Ь	С	С	Ж	П	Т
Р	Р	Б	Т	Г	Ш	Д	А	П	М	П	Б	Х	Н	Р
Е	Е	Д	И	Х	В	М	Н	О	О	Л	Л	Е	Х	О
Щ	З	С	Н	А	К	Л	У	В	Р	А	Е	Р	Р	В
Е	Й	Б	Я	У	Г	Ъ	Е	О	Е	Н	Д	Ь	П	Г
П	Е	Д	А	Ч	Т	Х	Е	Р	Е	И	Н	К	Й	Г
Ж	Г	А	О	Р	Е	З	Е	Т	А	Н	И	Ц	Ц	У
М	И	П	Б	Л	К	О	Н	С	П	А	К	Б	Х	Ф
У	Ь	О	Я	Ж	И	К	Ш	О	О	А	З	И	С	П
Д	Ш	Д	А	Х	Ц	Н	Л	У	У	Ю	Ъ	Я	С	Л
Ж	Ц	О	Б	П	О	Т	А	Л	Б	Ц	М	Ь	Ш	А
А	Б	В	С	Г	М	У	И	О	Р	Ж	Й	Й	А	Ж
А	Ч	Б	У	В	Е	У	Н	П	В	В	В	Ь	Л	Щ

ПЛАЖ
ПЕЩЕРА
ПУСТИНЯ
ГЕЙЗЕР
ЛЕДНИК
ХЪЛМ
АЙСБЕРГ
ОСТРОВ
ЕЗЕРО
ПЛАНИНА
ОАЗИС
ОКЕАН
ПОЛУОСТРОВ
РЕКА
МОРЕ
БЛАТО
ТУНДРА
ДОЛИНА
ВУЛКАН
ВОДОПАД

84 - Visual Arts

С	Т	А	Т	И	В	Ш	М	Т	Ж	Г	О	Е	Ж	Ц
С	Ш	Д	Ц	Ю	Ж	А	И	Е	Е	Щ	Й	О	И	Щ
П	О	Й	Е	Д	И	Б	Я	Р	О	Б	К	Н	Е	Г
Е	Н	Ф	Ъ	Ю	В	Л	Ч	Т	Н	Ф	Е	Ю	Д	Р
Р	М	Л	И	Ф	О	О	У	Р	Ц	Б	Ь	Ш	Б	Я
С	Й	О	Ю	Щ	П	Н	К	О	Р	Я	Ц	А	И	Ч
П	К	А	Л	Й	И	Г	Е	П	Ю	Ю	Ъ	Т	К	Р
Е	И	Р	Щ	И	С	Л	Р	Щ	У	О	Й	Е	Ж	Ъ
К	Н	У	Б	О	В	И	А	К	М	И	Н	С	В	В
Т	Ж	Т	К	Н	А	Н	М	Д	Н	О	Щ	Т	О	О
И	О	П	Б	А	Т	А	И	Е	Р	Г	Ь	Й	С	Ь
В	Д	Л	Ъ	С	С	Ц	К	Х	Ц	Ъ	Ъ	Р	Ъ	Д
А	У	У	Х	Х	Ъ	С	А	А	Ж	Ж	Ж	Ц	К	Е
Ч	Х	К	Х	Г	С	Щ	Ц	Ч	А	Ч	В	К	М	Ш
И	И	С	Т	В	О	Р	Ч	Е	С	Т	В	О	А	Ц

ХУДОЖНИК
КЕРАМИКА
ТЕБЕШИР
ГЛИНА
СЪСТАВ
ТВОРЧЕСТВО
СТАТИВ
ФИЛМ
ШЕДЬОВЪР
ЖИВОПИС
ДРЪЖКА
МОЛИВ
ПЕРСПЕКТИВА
СНИМКА
ПОРТРЕТ
СКУЛПТУРА
ШАБЛОН
ЛАК
ВОСЪК

85 - Plants

Н	Ж	Ц	М	А	К	Ь	Н	Н	Ф	П	Л	А	Ш	Ч
Я	Ю	Ц	Ф	Ц	А	О	Б	О	П	Щ	Н	Ь	А	Ю
Л	К	В	О	Р	К	Д	Й	Н	Щ	О	Ц	Я	Ш	К
Ш	И	О	Е	Ч	Т	С	И	Л	Е	Ч	Н	Е	В	Г
Ъ	Р	С	Р	К	У	Ю	Я	В	Т	Ь	А	У	Ц	Б
Р	Е	Щ	Т	Е	С	Й	Ч	Ъ	Е	Й	Б	Е	П	Ч
Б	Б	Г	М	Ь	Н	Д	Р	Ь	В	Ъ	А	П	Я	И
Ю	В	П	Д	Ю	Ъ	Ж	М	Т	Ц	Ч	М	К	О	А
Ч	И	Й	Х	Р	А	С	Т	Т	И	С	Б	Ч	Д	Ш
Ф	Ж	А	Н	И	Д	А	Р	Г	Й	А	У	К	Г	Ф
Г	О	Р	А	В	Е	Р	Т	Ю	М	К	К	Ъ	Р	Б
Й	В	О	О	Л	Б	Ъ	Т	С	Ъ	Ф	Щ	Т	Щ	О
Н	Р	Л	А	Т	Ц	Ж	Ш	Я	Х	Ц	Ъ	Ч	С	Б
Л	Ъ	Ф	Б	О	Т	А	Н	И	К	А	И	Ж	Х	О
Ж	Д	Р	А	С	Т	И	Т	Е	Л	Н	О	С	Т	П

БАМБУК
БОБ
БЕРИ
БОТАНИКА
ХРАСТ
КАКТУС
ТОР
ФЛОРА
ЦВЕТЕ
ЛИСТ
ГОРА
ГРАДИНА
ТРЕВА
БРЪШЛЯН
МЪХ
ВЕНЧЕЛИСТЧЕ
КОРЕН
СТЪБЛО
ДЪРВО
РАСТИТЕЛНОСТ

86 - Countries #2

Х	Н	И	У	А	С	Я	Л	М	Н	Б	Й	П	С	Г
Ч	А	Х	И	О	М	И	И	Ц	Ь	В	О	Е	У	Ъ
В	Т	И	М	К	Р	Н	В	Н	Ф	Г	Ц	Л	Д	Р
П	С	В	Т	К	С	О	А	Л	А	П	Е	Н	А	Ц
В	И	Щ	М	И	Щ	П	Н	А	Ь	Б	Е	У	Н	И
П	К	Ш	Р	Р	Ь	Я	И	Н	А	Д	Л	Ф	Л	Я
Щ	А	Д	Н	А	Г	У	А	Й	С	Ц	М	А	И	Ц
Л	П	Я	М	А	Й	К	А	А	М	В	Е	Ю	Б	Ж
Е	У	Ч	О	Т	Ж	Ж	Ф	Р	Р	К	К	И	Е	Й
Н	Т	Ь	Е	Т	П	А	К	К	Я	И	С	У	Р	М
М	Ц	И	С	М	Р	Ц	К	У	К	Я	И	Р	И	С
Ь	Е	У	О	С	О	М	А	Л	И	Я	К	П	Я	Ц
Ж	О	Б	Й	П	Ш	Ш	Ь	Л	Й	Ь	О	Т	Б	В
Ф	Я	Н	М	Т	И	О	Е	П	Л	С	А	А	В	В
Р	А	Ф	Г	Я	Д	Я	И	Р	Е	Г	И	Н	А	И

АЛБАНИЯ
ДАНИЯ
ЕТИОПИЯ
ГЪРЦИЯ
ХАИТИ
ЯМАЙКА
ЯПОНИЯ
ЛАОС
ЛИВАН
ЛИБЕРИЯ
МЕКСИКО
НЕПАЛ
НИГЕРИЯ
ПАКИСТАН
РУСИЯ
СОМАЛИЯ
СУДАН
СИРИЯ
УГАНДА
УКРАЙНА

87 - Ecology

Р	А	З	Н	О	О	Б	Р	А	З	И	Е	Г	Ф	Г
Г	Ц	Ф	Р	С	Х	В	П	Ш	Ц	Ц	О	Ф	К	Л
Н	Е	Х	Ю	Б	Щ	Х	О	У	Р	Т	Р	Ь	Т	О
Р	Т	Л	Х	Н	Я	Е	И	С	Р	У	С	Е	Р	Б
Й	А	Н	У	А	Ф	Ш	Ш	Е	Е	Г	Ж	У	Б	А
О	М	С	И	Л	Т	Н	Е	Д	О	Р	И	Р	П	Л
П	И	Р	Т	Щ	В	Х	Н	Ф	Я	А	А	Я	Ч	Е
Ъ	Л	К	С	И	Д	Ц	А	Л	Б	С	Д	Ь	П	Н
Ъ	К	А	О	Р	Т	Ь	В	О	К	Т	О	Ч	Т	Е
Я	Е	Щ	Н	Г	Е	Е	Я	Р	Д	Е	Р	Г	И	Т
Х	М	У	Щ	И	А	Т	Л	А	Ж	Н	И	О	К	Ц
М	М	Й	Б	П	Н	М	Е	Н	Т	И	Р	Т	С	Ф
В	И	Д	О	Й	Ъ	И	Ц	Т	О	Я	П	А	Р	Й
В	О	К	У	П	П	И	О	С	Щ	С	Ш	Л	О	Ж
Г	Р	У	С	Т	О	Й	Ч	И	В	Я	Т	Б	М	П

КЛИМАТ
ОБЩНОСТИ
РАЗНООБРАЗИЕ
СУША
ФАУНА
ФЛОРА
ГЛОБАЛЕН
МОРСКИ
БЛАТО
ПЛАНИНИ
ПРИРОДЕН
ПРИРОДА
РАСТЕНИЯ
РЕСУРСИ
ВИД
ОЦЕЛЯВАНЕ
УСТОЙЧИВ
СОРТ
РАСТИТЕЛНОСТ

88 - Adjectives #2

Х	У	С	И	Л	Е	Н	М	Г	Л	И	Ж	И	Б	В
Е	Л	Е	Г	А	Н	Т	Е	Н	Л	Г	О	Р	Е	Щ
У	Р	Б	С	П	Е	А	П	Ь	Ю	А	Й	Р	Е	Й
П	Л	Л	О	Ш	Р	В	И	Р	В	И	Д	Р	О	Г
Т	Е	С	Л	Н	О	Т	К	Г	И	П	Ь	Е	Д	Т
Х	Ч	М	Е	Н	В	Е	С	Р	Щ	Р	Ю	Ф	Н	У
М	П	Н	Н	С	О	Н	Е	Ъ	О	Т	О	С	Е	Ц
З	Д	С	Р	Х	Г	Т	Ч	Ь	Н	Ж	Ч	Д	Л	Г
Д	Н	Ь	Й	Ц	Т	И	Р	С	С	Л	Л	Ь	Е	Т
Р	О	У	В	Т	О	Ч	О	У	Е	Я	И	Л	Т	Н
А	В	Ч	Б	Ц	Н	Е	В	Ъ	Р	Л	М	В	А	Ъ
В	Ж	Д	Ч	Д	Я	Н	Т	И	Е	О	А	О	С	Т
И	З	В	Е	С	Т	Е	Н	О	Т	Д	Х	Н	И	П
М	Н	А	Д	А	Р	Е	Н	Ж	Н	О	У	Й	П	Л
Г	Ь	Я	Л	Щ	С	Ц	Х	Ф	И	У	Й	А	О	Н

АВТЕНТИЧЕН
ТВОРЧЕСКИ
ОПИСАТЕЛЕН
СУХ
ЕЛЕГАНТЕН
ИЗВЕСТЕН
НАДАРЕН
ЗДРАВ
ГОРЕЩ
ГЛАДЕН
ИНТЕРЕСНО
ПРИРОДЕН
НОВ
ГОРД
ОТГОВОРЕН
СОЛЕН
СЪНЛИВ
СИЛЕН
ДИВ

89 - Psychology

Т	П	Ц	Ъ	Р	М	Ф	С	А	Ш	В	С	Т	Д	Т
Щ	М	Ш	Е	И	Н	А	Н	З	Ъ	С	З	Е	Б	В
Ф	П	Н	Р	Ф	Б	Р	Н	Щ	Щ	Й	Щ	Р	Р	Т
Т	О	Р	Н	И	Д	Е	И	Л	С	И	М	А	В	Я
Л	Ц	Б	Е	И	Н	Е	Д	Е	В	О	П	П	Л	Щ
У	И	Т	Ч	Е	М	Е	Л	Б	О	Р	П	И	И	Л
С	И	Ч	И	Е	У	Р	О	Н	Х	Р	Щ	Я	Я	К
Е	Ц	Г	Н	Г	Г	Я	О	Ц	Е	Н	К	А	Н	О
Щ	О	Ц	И	О	Ю	О	Ц	Щ	Р	Ж	Б	Ю	И	Н
А	М	Ч	Л	Т	С	О	Н	Л	А	Е	Р	М	Я	Ф
Н	Е	Г	К	Ш	Й	Т	Д	Е	Т	С	Т	В	О	Л
Е	П	О	Д	С	Ъ	З	Н	А	Т	Е	Л	Н	О	И
П	О	З	Н	А	Н	И	Е	Б	И	Г	Ю	Х	Ж	К
П	Ж	В	Ъ	З	П	Р	И	Е	М	А	Н	Е	К	Т
Ф	О	В	В	М	В	Ж	Д	С	Р	А	Ц	П	Я	Л

ОЦЕНКА
ПОВЕДЕНИЕ
ДЕТСТВО
КЛИНИЧЕН
ПОЗНАНИЕ
КОНФЛИКТ
МЕЧТИ
ЕГО
ЕМОЦИИ
ИДЕИ
ВЛИЯНИЯ
ВЪЗПРИЕМАНЕ
ЛИЧНОСТ
ПРОБЛЕМ
РЕАЛНОСТ
УСЕЩАНЕ
ПОДСЪЗНАТЕЛНО
ТЕРАПИЯ
МИСЛИ
БЕЗСЪЗНАНИЕ

90 - Math

Н	Ч	Д	Ф	Я	И	Ц	К	А	Р	Ф	Ж	К	Е	С
Й	Я	Н	Е	Ч	И	Т	Е	С	Е	Д	Р	К	Й	У
Ю	Ю	Я	С	С	Г	Р	Ъ	Т	Е	М	А	И	Д	М
С	Ъ	Ь	О	Ч	Т	Б	Т	А	Л	Т	Л	Щ	Ц	А
У	Р	А	В	Н	Е	Н	И	Е	К	Б	Ю	С	А	М
И	О	К	Ъ	Т	У	Н	Б	У	М	В	А	П	П	Д
Д	Б	И	К	И	Н	Л	Ъ	Г	Ъ	О	В	А	Р	П
А	И	Л	Н	А	К	Ц	Г	Е	О	Ь	Е	Ь	М	Б
Р	К	И	Г	Ъ	Н	Е	Л	Г	О	Ь	Т	Г	Л	Н
Ж	О	Р	Г	Т	Щ	Ь	И	К	В	А	Д	Р	А	Т
Ж	Л	П	О	Л	И	Г	О	Н	Е	П	Е	Т	С	С
О	К	П	Е	Р	И	М	Е	Т	Ъ	Р	И	Г	Н	Ф
У	А	К	И	Т	Е	М	Т	И	Р	А	Т	О	Б	Е
С	И	М	Е	Т	Р	И	Я	Й	О	В	Ь	С	Р	Р
Т	Р	И	Ъ	Г	Ъ	Л	Н	И	К	Ю	С	С	Ж	А

ЪГЛИ
АРИТМЕТИКА
ОБИКОЛКА
ДЕСЕТИЧЕН
ДИАМЕТЪР
УРАВНЕНИЕ
СТЕПЕН
ФРАКЦИЯ
ГЕОМЕТРИЯ
ПРИЛИКА
ПЕРИМЕТЪР
ПОЛИГОН
РАДИУС
ПРАВОЪГЪЛНИК
СФЕРА
КВАДРАТ
СУМА
СИМЕТРИЯ
ТРИЪГЪЛНИК

91 - Water

У	Х	Н	Щ	Н	У	Г	Л	Е	Д	Ф	Н	О	Я	Р
Н	Ь	П	З	А	Р	М	Е	Ф	Г	Й	Т	Я	Я	Е
Б	Ю	И	Р	В	А	Х	Х	Й	Й	О	Ч	А	Щ	К
Д	Ъ	Ж	Д	О	Г	Ш	Й	П	З	Т	Н	Я	Й	А
Ж	И	С	Е	Д	А	И	М	Б	О	Е	О	Г	Ч	Н
Л	З	И	Я	Н	Н	В	У	Р	Ь	Х	Р	Ж	Ж	Ж
Л	П	У	К	Е	Р	Л	С	С	Ш	Ь	Д	Ф	Ь	А
Б	А	И	Т	Н	У	А	О	Н	Т	Д	Б	О	В	Л
Щ	Р	Н	Ь	И	Р	Г	Н	Я	С	П	А	С	М	В
Т	Я	Л	А	Е	Ъ	А	Г	Г	О	К	Е	А	Н	Й
Д	В	Ъ	Р	К	Р	Ж	Ъ	Е	Н	Р	Щ	Ю	П	Б
У	А	В	А	А	Ш	Е	К	Ж	Ж	С	Е	Ъ	Г	Д
Ш	Н	Щ	П	Р	И	С	А	Ж	А	Б	Р	З	А	Я
Т	Е	Ц	П	Д	С	И	Х	Ц	Л	Д	У	Я	Е	Ъ
Ж	В	Д	Л	Ч	Ш	Е	Н	А	В	Я	О	П	А	Н

КАНАЛ
ВЛАЖНА
ИЗПАРЯВАНЕ
НАВОДНЕНИЕ
МРАЗ
ГЕЙЗЕР
ВЛАЖНОСТ
УРАГАН
ЛЕД
НАПОЯВАНЕ
ЕЗЕРО
ВЛАГА
МУСОН
ОКЕАН
ДЪЖД
РЕКА
ДУШ
СНЯГ
ПАРА
ВЪЛНИ

92 - Activities

У	Р	И	Б	О	Л	О	В	В	Б	И	Р	О	Г	Ц
Д	Д	Л	Л	С	К	Я	Р	С	Й	Л	Д	Ь	О	Х
Т	Е	О	В	Т	С	Р	А	Н	И	Д	А	Р	Г	Ц
А	Щ	Й	В	Д	Ч	Г	Й	А	Р	Ш	И	Е	Н	Е
Н	Н	Д	Н	О	Д	Г	Е	Щ	Г	Д	Л	О	В	Е
Ц	Ь	К	М	О	Л	И	А	К	И	М	А	Р	Е	К
И	Л	Ф	Х	Ц	С	С	З	У	М	Е	Н	И	Е	Б
М	Ъ	З	И	Р	У	Т	Т	К	Ш	Ж	Ш	Д	С	Г
Ж	Щ	Й	Т	Б	Я	Я	И	В	У	Ф	Ц	Ц	Д	Н
Е	Ю	Г	Я	И	Г	А	М	Б	И	С	Б	Ф	Т	И
Б	Г	Н	А	Й	И	У	М	Е	Н	Е	Т	Е	Л	П
П	Ь	Ь	Н	И	Н	Т	Е	Р	Е	С	И	В	М	М
Я	И	Ф	А	Р	Г	О	Т	О	Ф	С	Е	Ц	О	Ъ
Е	М	П	З	Ч	Е	Т	Е	Н	Е	Н	Ю	Ч	А	К
Р	Е	Л	А	К	С	А	Ц	И	Я	И	Л	Ъ	Г	В

ДЕЙНОСТ
ИЗКУСТВО
КЪМПИНГ
КЕРАМИКА
ЗАНАЯТИ
ТАНЦИ
РИБОЛОВ
ИГРИ
ГРАДИНАРСТВО
ТУРИЗЪМ
ЛОВ
ИНТЕРЕСИ
ПЛЕТЕНЕ
МАГИЯ
ФОТОГРАФИЯ
УДОВОЛСТВИЕ
ЧЕТЕНЕ
РЕЛАКСАЦИЯ
ШИЕНЕ
УМЕНИЕ

93 - Business

У	Л	Е	Т	А	Д	О	Т	О	Б	А	Р	Г	С	С
Я	М	П	Я	И	Ц	И	Т	С	Е	В	Н	И	Т	Л
Б	Ю	Д	Ж	Е	Т	Ч	Д	С	Ч	Д	Х	Щ	О	У
К	А	Р	И	Е	Р	А	О	И	Т	Х	П	Ъ	К	Ж
П	О	Г	Я	Ц	К	М	Х	Ф	Л	Ъ	Т	К	И	И
Я	Р	Ж	Х	Е	А	Д	О	О	Е	У	П	А	У	Т
Т	Ъ	О	Д	Н	Я	Ф	Д	Б	Д	О	П	К	Ю	Е
М	Ж	С	Д	А	Ь	Г	И	Р	А	П	Ф	И	А	Л
А	Д	Д	Я	А	Н	Т	Е	Н	Ф	У	Р	Р	Т	Р
Г	И	Ч	Ч	У	Ж	М	К	О	А	У	Л	Б	У	Ч
А	Н	М	Ж	Н	Ъ	Б	Л	Х	М	Н	П	А	Л	Ф
З	Е	Ъ	Ь	Й	Ц	Й	А	М	Р	С	С	Ф	А	Г
И	М	Д	А	Н	Ъ	Ц	И	Т	И	Д	Л	И	В	В
Н	Р	Т	П	К	Т	И	Т	Ш	Ф	Ъ	Ж	Д	Л	Ъ
П	И	К	О	Н	О	М	И	К	А	В	У	В	Ж	Х

БЮДЖЕТ
КАРИЕРА
ФИРМА
ЦЕНА
ВАЛУТА
ОТСТЪПКА
ИКОНОМИКА
СЛУЖИТЕЛ
РАБОТОДАТЕЛ
ФАБРИКА
ФИНАНСИ
ДОХОД
ИНВЕСТИЦИЯ
МЕНИДЖЪР
СТОКИ
ПАРИ
ОФИС
ПРОДАЖБА
МАГАЗИН
ДАНЪЦИ

94 - The Company

П	Р	О	Ф	Е	С	И	О	Н	А	Л	Е	Н	И	Ч
Б	С	Ь	Г	И	Ц	К	Т	П	Т	Х	Г	Р	Н	К
О	И	У	О	Н	Ь	С	Е	Р	Я	П	Л	Е	В	О
Г	Ж	З	Г	Е	Д	Р	Н	О	И	Р	О	С	Е	Р
Б	А	К	Н	Ш	Х	О	Д	Д	Ц	И	Б	У	С	И
В	К	Т	П	Е	О	Т	Е	У	А	Х	А	Р	Т	С
З	Ъ	Щ	Ф	Р	С	А	Н	К	Т	О	Л	С	И	К
А	Д	З	Ф	П	Х	В	Ц	Т	Н	Д	Е	И	Ц	О
Е	Е	Е	М	Ж	В	О	И	Й	Е	И	Н	Щ	И	В
Т	Р	Д	Л	О	С	Н	И	У	З	К	У	В	Я	Е
О	П	И	Й	Щ	Ж	К	А	Ч	Е	С	Т	В	О	Д
С	А	Н	И	Ъ	Ж	Н	Щ	Е	Р	А	Ъ	М	Л	Ю
Т	Н	И	У	Я	Щ	Ц	О	Ч	П	Ш	Я	Ч	Р	А
П	И	Ц	Д	Й	Й	И	К	С	Е	Ч	Р	О	В	Т
А	Т	И	Д	О	Я	И	Ц	А	Т	У	П	Е	Р	М

БИЗНЕС
ТВОРЧЕСКИ
РЕШЕНИЕ
ЗАЕТОСТ
ГЛОБАЛЕН
НОВАТОРСКИ
ИНВЕСТИЦИЯ
ВЪЗМОЖНОСТ
ПРЕЗЕНТАЦИЯ
ПРОДУКТ
ПРОФЕСИОНАЛЕН
НАПРЕДЪК
КАЧЕСТВО
РЕПУТАЦИЯ
РЕСУРСИ
ПРИХОДИ
РИСКОВЕ
ТЕНДЕНЦИИ
ЕДИНИЦИ

95 - Literature

З	Я	И	Ф	А	Р	Г	О	И	Б	С	Т	Е	М	А
И	А	Т	Г	Ъ	О	А	Н	Р	Л	Т	Р	О	Ъ	А
Л	Р	К	О	Л	М	Ь	Н	Е	Ч	И	Т	Е	О	П
А	О	Я	Л	Ъ	А	Щ	Ъ	А	О	Х	У	С	А	Р
Н	Ф	Д	А	Ю	Н	Р	О	В	В	О	Г	Б	Н	Н
А	А	И	И	Ь	Ч	Р	Ф	Т	Р	Т	Ш	О	А	Т
Ш	Т	Ф	Д	Й	А	Е	Т	О	Й	В	О	С	Л	Р
А	Е	Р	И	М	А	И	Н	Р	Ж	О	П	Р	О	А
Ц	М	Ъ	Т	И	Р	Ф	Ъ	И	Ш	Р	И	А	Г	Г
Р	А	З	К	А	З	В	А	Ч	Е	Е	С	В	И	Е
И	С	Ю	Е	Ц	Т	О	Д	К	Е	Н	А	Н	Я	Д
М	Щ	А	Ц	И	Л	С	И	М	З	И	Н	Е	С	И
Ж	Н	Ч	У	Х	Я	И	Й	С	Ш	Е	И	Н	У	Я
С	О	П	Г	Н	Т	В	Т	А	Й	Ю	Е	И	Б	У
Б	Щ	О	Ж	У	С	Д	И	С	Т	Н	Ю	Е	Ю	Й

АНАЛОГИЯ
АНАЛИЗ
АНЕКДОТ
АВТОР
БИОГРАФИЯ
СРАВНЕНИЕ
ЗАКЛЮЧЕНИЕ
ОПИСАНИЕ
ДИАЛОГ
ИЗМИСЛИЦА
МЕТАФОРА
РАЗКАЗВАЧ
РОМАН
СТИХОТВОРЕНИЕ
ПОЕТИЧЕН
РИМА
РИТЪМ
СТИЛ
ТЕМА
ТРАГЕДИЯ

96 - Geography

Е	И	В	Ъ	Щ	Ц	Ю	П	Ж	А	З	Й	М	Ю	Р
Ж	Р	Ъ	Ш	Ю	С	Ч	Г	И	Т	Ш	А	Я	Г	Е
Я	Ш	А	В	Т	Ъ	Й	Р	П	Л	И	М	П	А	К
К	М	Е	Р	И	Д	И	А	Н	А	Р	Х	М	А	А
О	Б	Л	Ъ	К	У	Л	О	П	С	И	П	Н	Ю	Д
Н	Й	Ю	Ц	Х	У	Б	У	П	Щ	Н	А	Е	К	О
Т	Ъ	О	М	И	О	Р	О	Л	Ш	А	Ж	Г	А	С
И	Г	Ц	О	Л	В	Ъ	Ъ	А	Н	А	Р	Т	С	Т
Н	Ъ	Р	Ж	Д	Р	Ш	Н	Н	Ю	У	Ь	Я	Й	Р
Е	Х	Е	А	Ш	Л	Ж	Ю	И	Н	Б	П	В	Й	О
Н	Ю	В	В	Д	Ъ	Х	А	Н	И	Ч	О	С	И	В
Т	О	Е	К	А	Р	Т	А	А	Л	О	М	О	Р	Е
Х	Ш	С	Т	Е	Р	И	Т	О	Р	И	Я	Я	Ф	Г
К	К	Б	И	Ш	У	Р	Г	Д	И	У	С	П	Ъ	Д
Р	Е	Г	И	О	Н	Н	В	Я	Г	Ц	К	Б	П	Б

ВИСОЧИНА
АТЛАС
ГРАД
КОНТИНЕНТ
СТРАНА
ПОЛУКЪЛБО
ОСТРОВ
ШИРИНА
КАРТА
МЕРИДИАН
ПЛАНИНА
СЕВЕР
ОКЕАН
РЕГИОН
РЕКА
МОРЕ
ЮГ
ТЕРИТОРИЯ
ЗАПАД
СВЯТ

97 - Jazz

И	М	П	Р	О	В	И	З	А	Ц	И	Я	Н	М	И
Ю	Ф	К	А	Х	Л	Е	Р	У	Ь	А	Б	О	Т	З
Г	В	И	Т	Р	У	Л	Г	Й	Е	Б	К	В	Ъ	В
М	Щ	Т	С	Ь	В	Д	Ь	Д	Й	Л	Ъ	Д	М	Е
К	О	Н	Ц	Е	Р	Т	О	С	Ъ	С	Т	А	В	С
К	Т	Е	М	А	Ъ	М	Ъ	Ж	А	П	Ж	Ц	В	Т
О	А	М	У	К	Т	Т	Ь	Т	Н	Л	Ю	Т	Т	Е
М	М	С	З	Ц	С	Ш	А	И	М	И	Б	Ю	Л	Н
П	Щ	И	И	Е	Е	И	М	Л	Я	Т	К	У	О	Е
О	Ф	Д	К	Н	К	Ц	Е	Б	А	С	Ш	Ъ	М	С
З	Ь	О	А	Т	Р	Е	Г	Л	М	Н	С	Ц	Ъ	Е
И	Х	Л	Т	П	О	С	Ъ	В	Я	И	Т	Н	Т	П
Т	Ъ	П	Б	А	Р	А	Б	А	Н	И	Й	П	И	У
О	Ф	А	К	И	Н	Х	Е	Т	М	Н	Н	У	Р	Ъ
Р	Ж	Ш	Я	Л	Ъ	В	А	Р	Б	Б	Е	М	Х	Ж

АЛБУМ
АПЛОДИСМЕНТИ
ХУДОЖНИК
КОМПОЗИТОР
СЪСТАВ
КОНЦЕРТ
БАРАБАНИ
АКЦЕНТ
ИЗВЕСТЕН
ЛЮБИМИ
ИМПРОВИЗАЦИЯ
МУЗИКА
НОВ
СТАР
ОРКЕСТЪР
РИТЪМ
ПЕСЕН
СТИЛ
ТАЛАНТ
ТЕХНИКА

98 - Nature

Х	М	Ц	Н	Щ	Я	Щ	Я	Ч	И	Х	Р	Ф	Х	И
Е	И	И	Ъ	Т	К	Р	А	С	О	Т	А	Е	В	Ъ
В	Р	Н	М	Ж	Т	С	К	П	Щ	П	С	Ь	К	Ч
Ц	Е	Ж	Р	Л	Ю	Ж	И	Ф	П	У	В	И	Р	А
Т	Н	А	Р	О	Г	И	Т	А	О	С	К	Л	Л	Л
С	Р	В	И	Д	Ф	В	К	Е	Д	Т	Л	Е	П	Г
Р	Р	О	Я	И	З	О	Р	Е	С	И	Р	Ч	Х	Ъ
Х	О	Н	П	Н	Ъ	Т	А	К	Л	Н	Ч	П	Т	М
Д	Ч	Е	И	И	Х	Н	Л	П	О	Я	Ф	Д	Ц	Н
Ю	М	Н	Ф	Н	Ч	И	Щ	Д	Н	С	Щ	Я	Е	Д
Щ	Т	З	Д	А	Ь	Е	К	Ф	Ж	Р	Д	Ч	А	Ъ
Л	Г	И	Ю	Л	Ь	Ъ	С	Ц	Ш	Х	Г	Ж	А	Я
И	О	Ж	У	П	Ц	Х	В	К	И	Н	Д	Е	Л	К
С	В	Е	Т	И	Л	И	Щ	Е	И	Ц	А	Л	Б	О
Д	И	Н	А	М	И	Ч	Е	Н	Ф	Т	Ч	Ъ	Ф	Ф

ЖИВОТНИ
АРКТИКА
КРАСОТА
ПЧЕЛИ
ОБЛАЦИ
ПУСТИНЯ
ДИНАМИЧЕН
ЕРОЗИЯ
МЪГЛА
ЛИСТ
ГОРА
ЛЕДНИК
ПЛАНИНИ
МИРЕН
РЕКА
СВЕТИЛИЩЕ
ПОДСЛОН
ТРОПИЧЕСКИ
ЖИЗНЕНОВАЖНИ
ДИВ

99 - Vacation #2

П	К	И	Н	З	А	Р	П	В	О	Р	Т	С	О	О
Ъ	Ъ	С	П	П	Н	Л	В	О	Л	Ц	Х	Щ	Г	Т
Т	М	Р	А	М	Е	Л	Г	К	Й	А	Т	Р	А	К
У	П	Е	Л	Р	Н	Ю	О	Ъ	И	К	К	Н	Х	Т
В	И	С	А	Г	А	Я	Ч	У	Ж	Д	Е	Н	Е	Ц
А	Н	Т	Т	В	Р	И	Д	Т	А	Х	Р	Л	Щ	Ш
Н	Г	О	К	Ю	Т	Ц	Ж	Р	Л	Л	О	Д	И	В
Е	М	Р	А	Б	С	А	Ш	О	П	Д	М	Т	Т	Ж
Б	Ж	А	Е	Ш	Е	Н	К	П	О	Ч	В	Ю	Е	С
Ш	Л	Н	У	Е	Д	И	И	С	Д	Щ	Й	А	Л	Л
И	Т	Т	А	Ц	Ж	Т	И	Н	И	Н	А	Л	П	К
В	И	З	А	Й	У	С	П	А	С	П	О	Р	Т	Р
Р	У	Б	Ж	Щ	Ч	Е	Р	Р	Б	Ю	И	У	В	С
К	У	И	Ф	У	Ш	Д	Ч	Т	Т	Т	У	Т	Ь	Ф
Т	Н	Г	Ч	К	Е	Р	Ю	П	У	Н	Е	Т	Ъ	И

ЛЕТИЩЕ
ПЛАЖ
КЪМПИНГ
ДЕСТИНАЦИЯ
ЧУЖДЕСТРАНЕН
ЧУЖДЕНЕЦ
ПРАЗНИК
ХОТЕЛ
ОСТРОВ
ПЪТУВАНЕ
КАРТА
ПЛАНИНИ
ПАСПОРТ
РЕСТОРАНТ
МОРЕ
ТАКСИ
ПАЛАТКА
ВЛАК
ТРАНСПОРТ
ВИЗА

100 - Electricity

О	Г	Ш	О	И	С	Р	У	И	Т	Е	Е	Р	Е	А
Б	Н	Л	Е	Б	А	К	Т	Ф	Е	Л	П	Г	Р	Б
О	Е	П	Л	Г	Е	Й	Т	Я	Л	Е	Б	Б	Ф	Ю
Р	З	О	Е	Е	О	К	Ш	Ц	Е	К	Ш	Д	Й	А
У	Д	Л	К	Н	Т	Б	Т	Т	Ф	Т	М	Б	Ф	С
Д	О	О	Т	Е	Р	А	С	И	О	Р	Е	З	А	Л
В	В	Ж	Р	Р	И	Т	Ъ	Н	Н	И	Ъ	Е	П	Т
А	Т	И	О	А	Ц	Е	Х	Г	Е	Ч	Й	Е	М	Е
Н	С	Т	Т	Т	А	Р	Р	А	Ю	Е	А	Г	А	Л
Е	Е	Е	Е	О	Т	И	А	М	И	С	Р	Д	Л	Е
Х	Ч	Л	Х	Р	Е	Я	Н	О	Ж	К	Ж	Г	Я	В
Ю	И	Е	Н	Т	Л	Н	Е	И	Ю	И	Й	Г	П	И
Х	Л	Н	И	Ш	Е	П	Н	К	Р	У	Ш	К	А	З
Ь	О	Ю	К	У	Н	Х	И	М	Р	Е	Ж	А	Р	И
Ц	К	Й	П	И	Я	Д	Е	Ъ	Д	О	Т	Ъ	Ю	Я

БАТЕРИЯ
КРУШКА
КАБЕЛ
ЕЛЕКТРИЧЕСКИ
ЕЛЕКТРОТЕХНИК
ОБОРУДВАНЕ
ГЕНЕРАТОР
ЛАМПА
ЛАЗЕР
МАГНИТ
ОТРИЦАТЕЛЕН
МРЕЖА
ОБЕКТИ
ПОЛОЖИТЕЛЕН
КОЛИЧЕСТВО
ГНЕЗДО
СЪХРАНЕНИЕ
ТЕЛЕФОН
ТЕЛЕВИЗИЯ

1 - Antiques

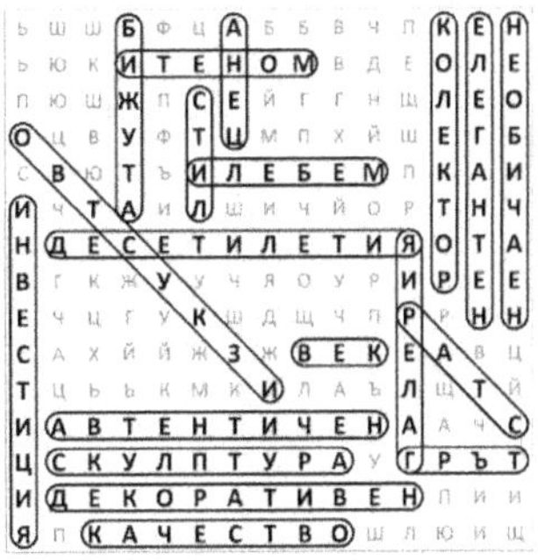

2 - Food #1

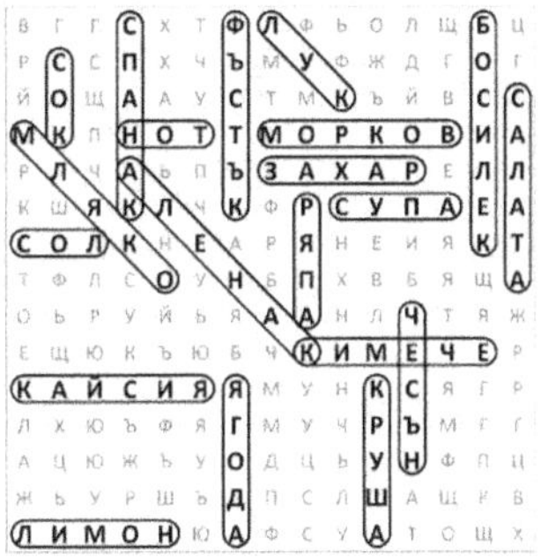

3 - Farm #2

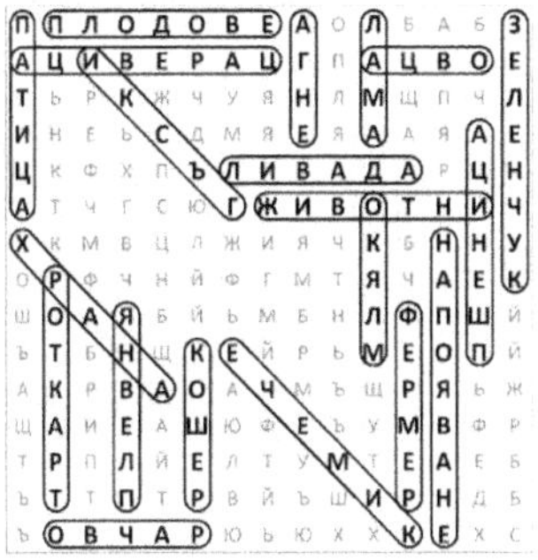

4 - Books

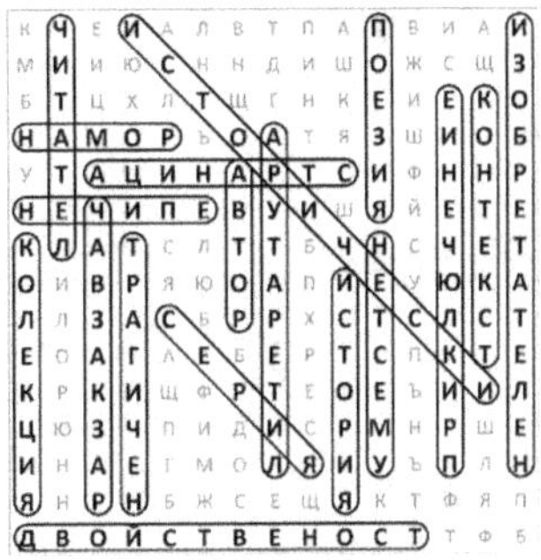

5 - Meditation

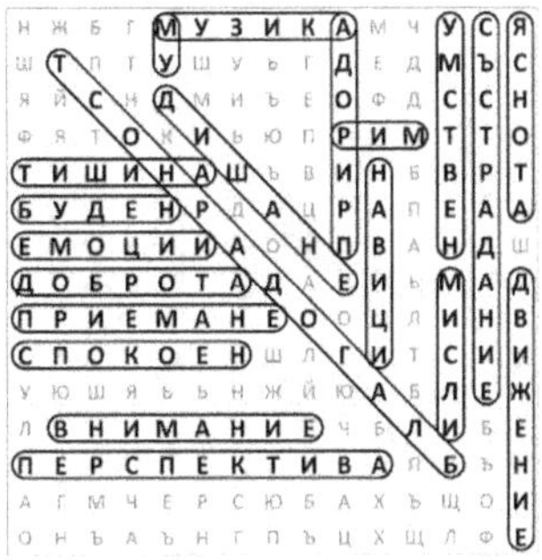

6 - Days and Months

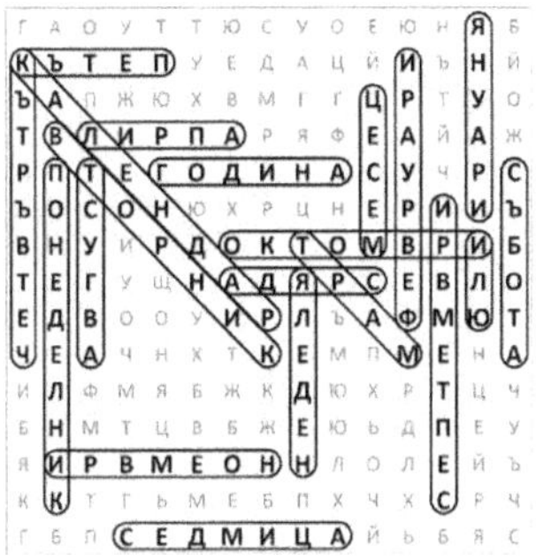

7 - Energy

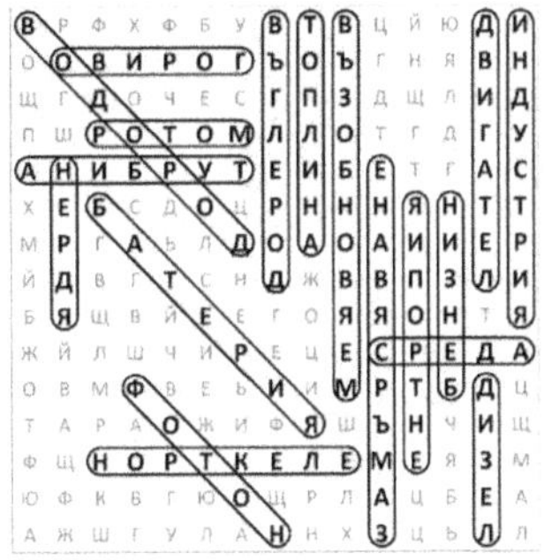

8 - Archeology

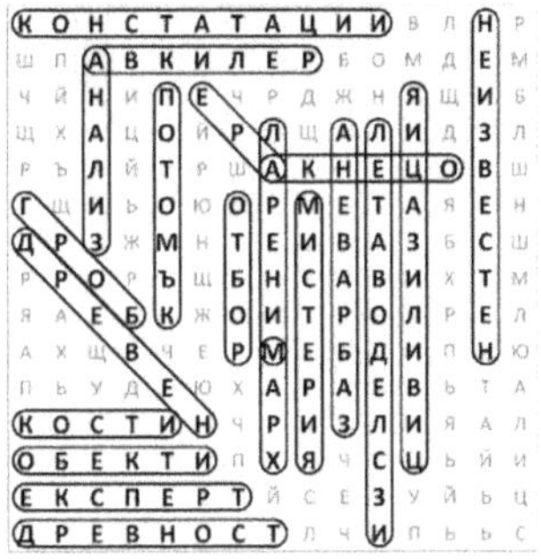

9 - Food #2

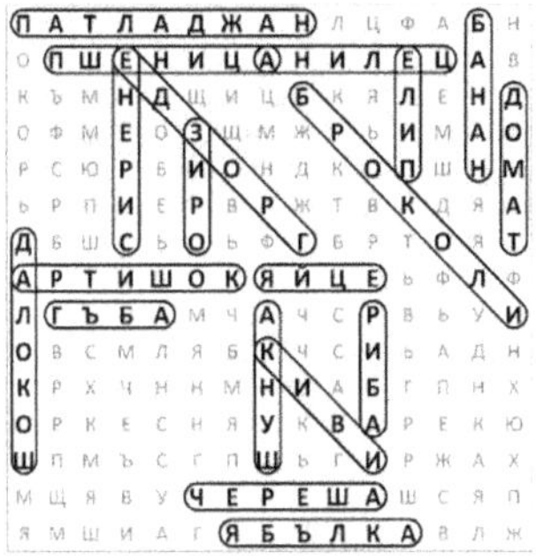

10 - Chemistry

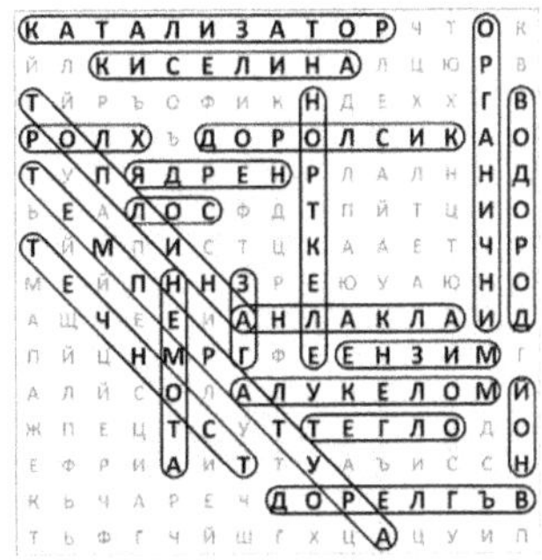

11 - Music

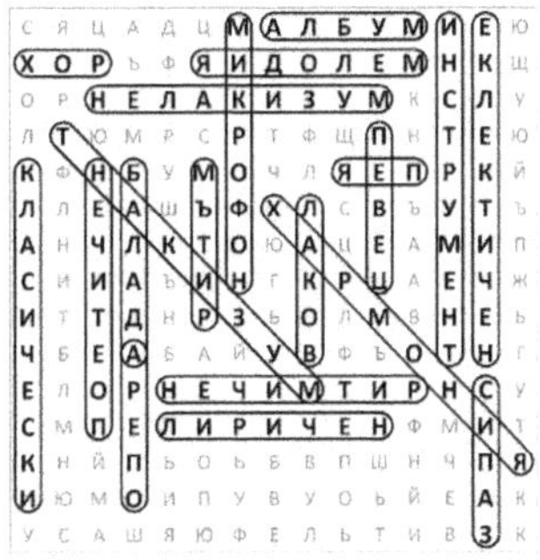

12 - Family

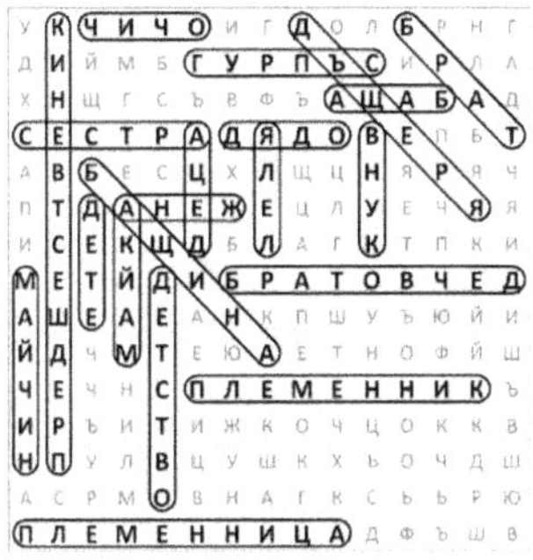

13 - Farm #1

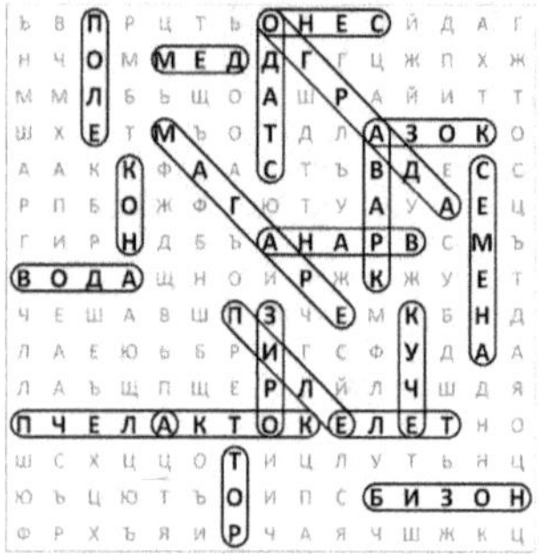

14 - Camping

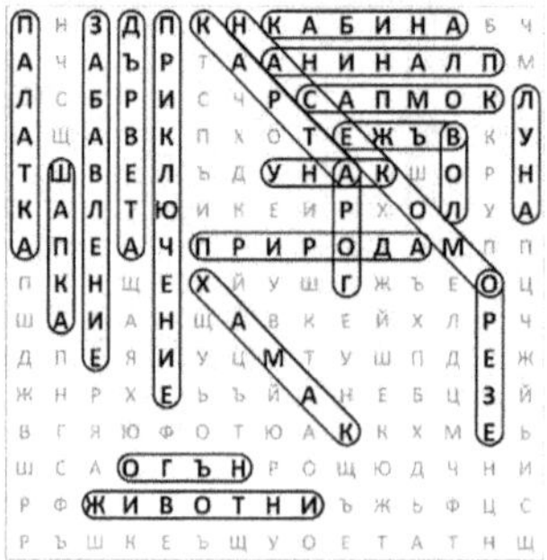

15 - Algebra

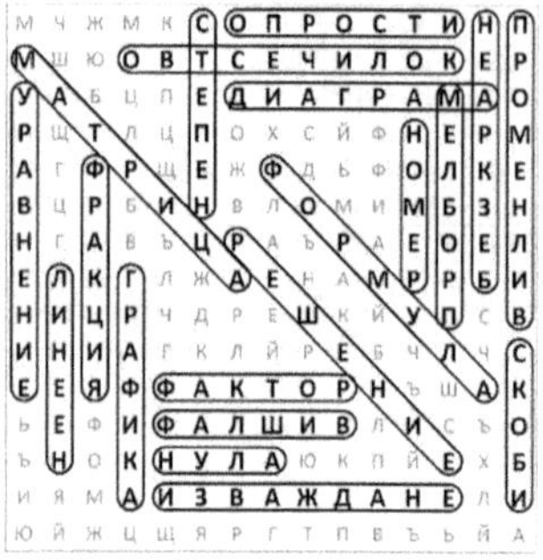

16 - Numbers

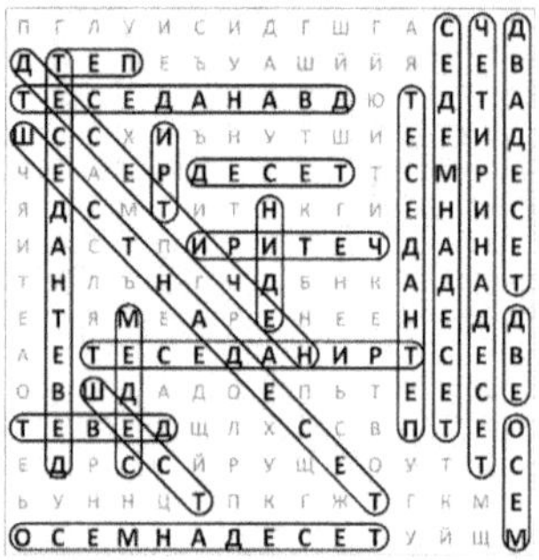

17 - Spices

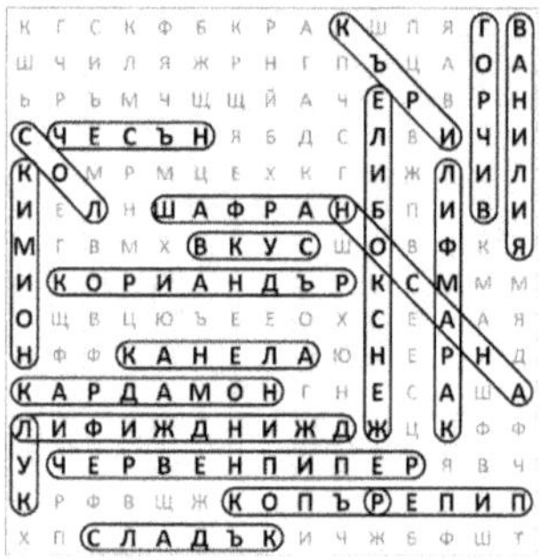

18 - Universe

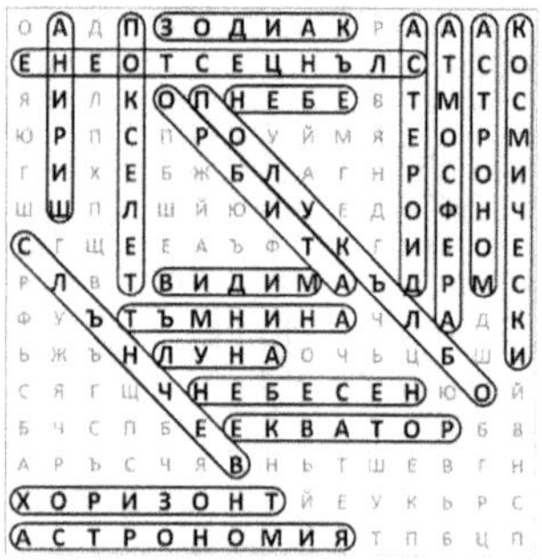

19 - Mammals

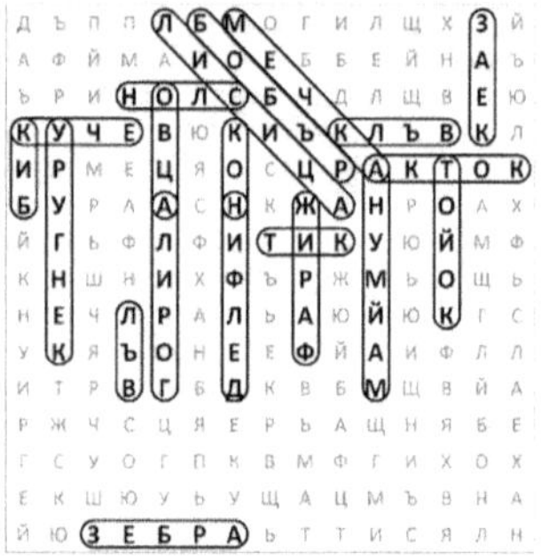

20 - Fishing

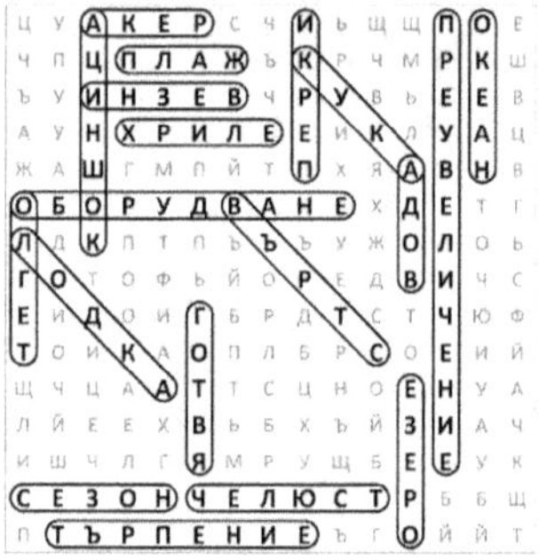

21 - Bees

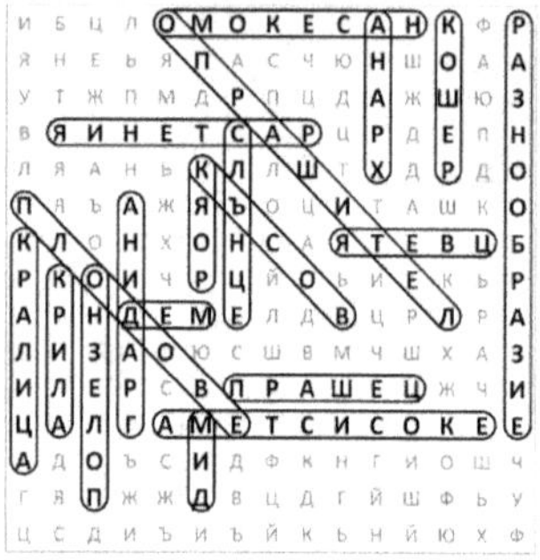

22 - Weather

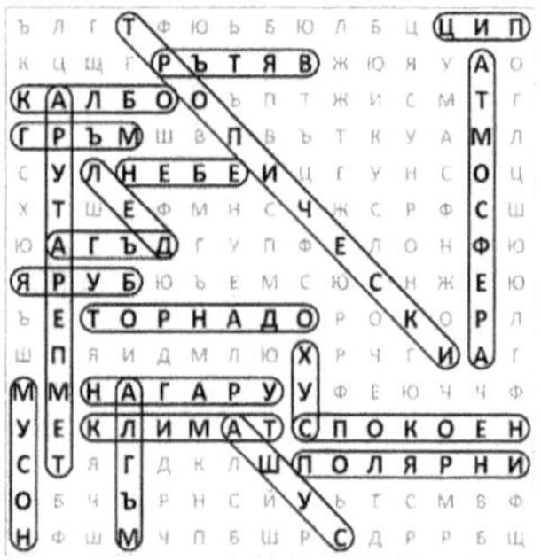

23 - Adventure

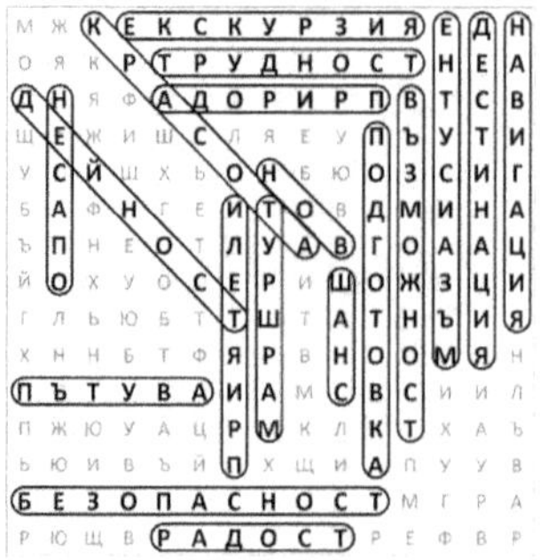

24 - Restaurant #2

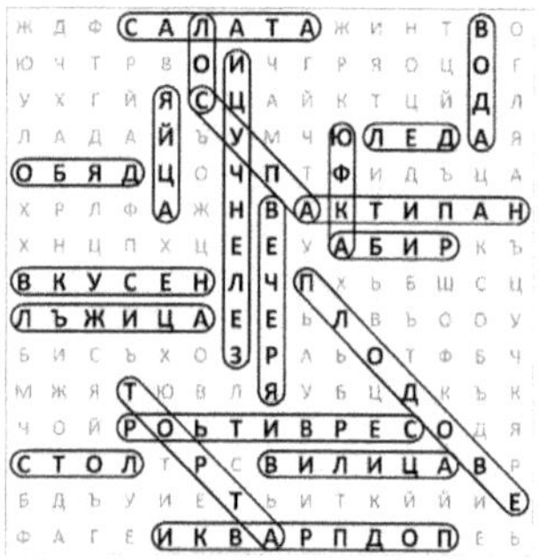

25 - Geology

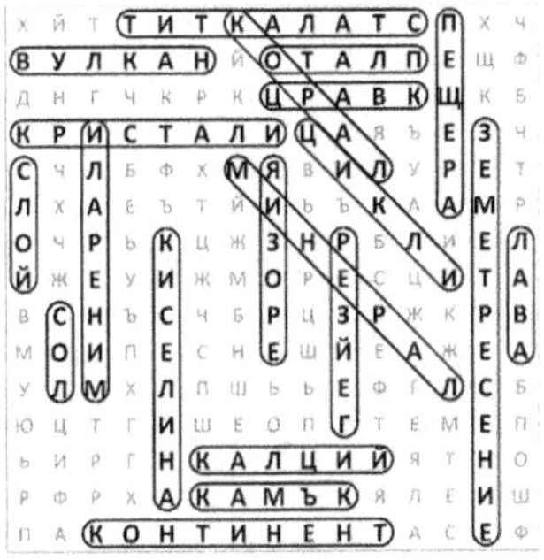

26 - House

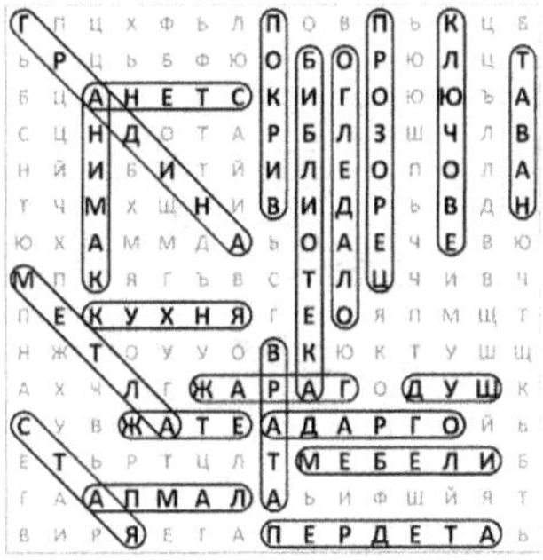

27 - Physics

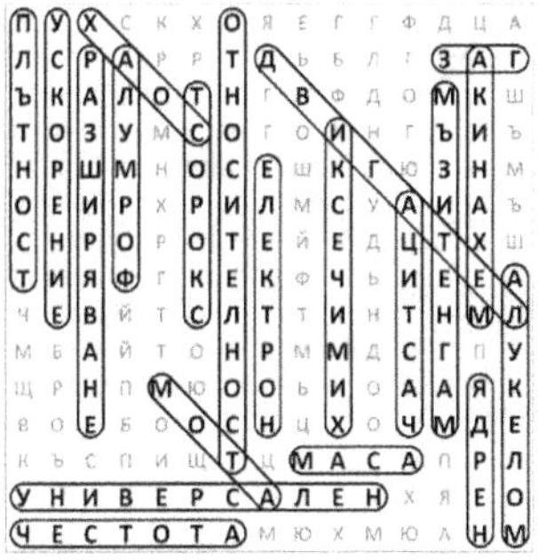

28 - Dance

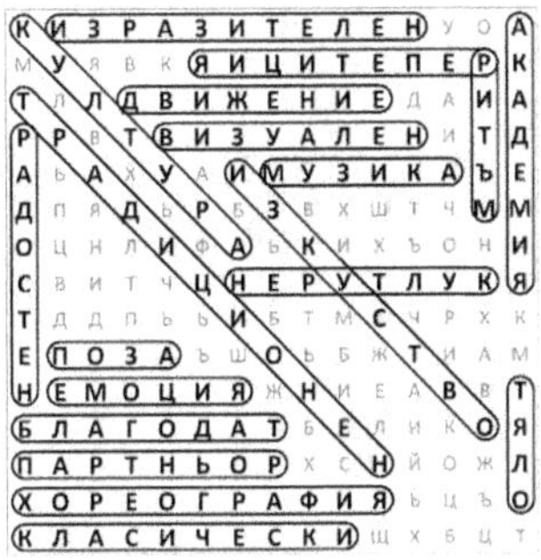

29 - Shapes

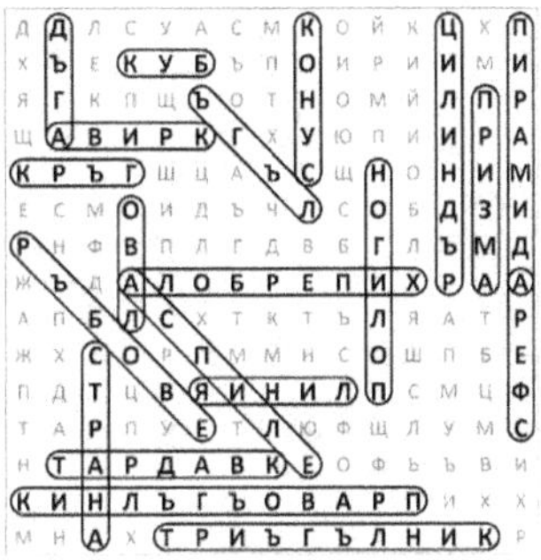

30 - Scientific Disciplines

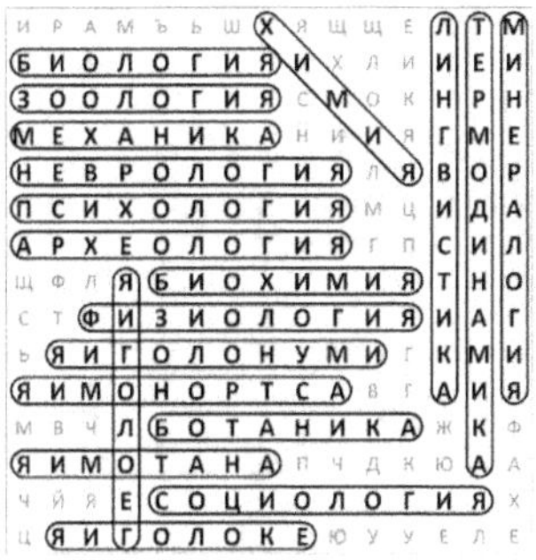

31 - Science

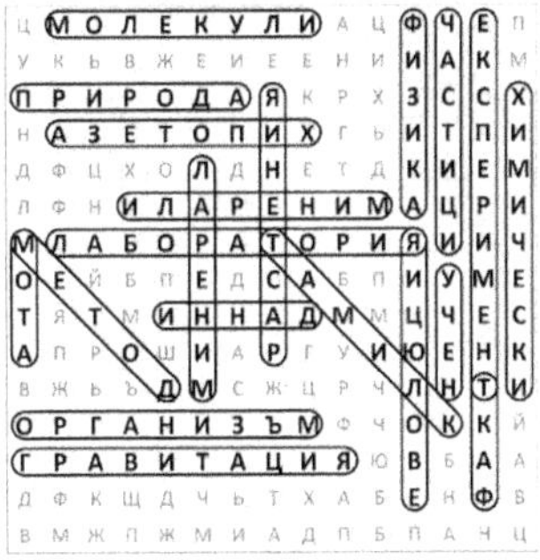

32 - Beauty

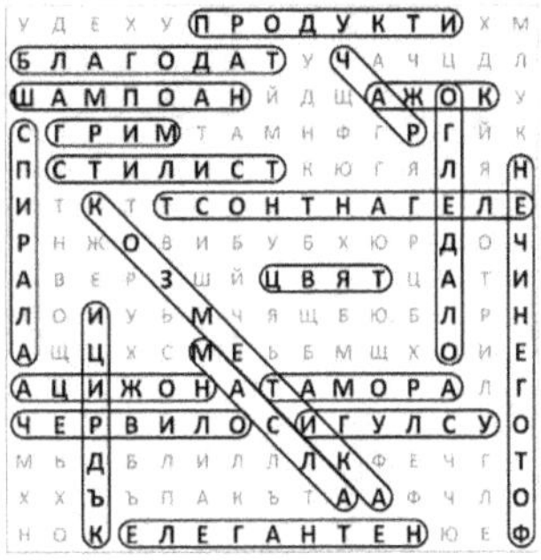

33 - To Fill

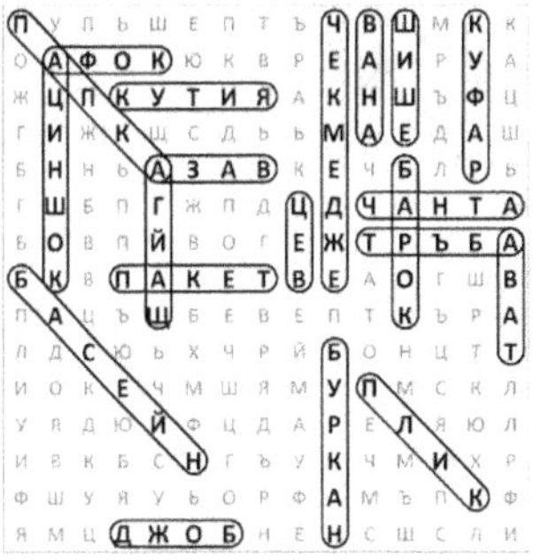

34 - Clothes

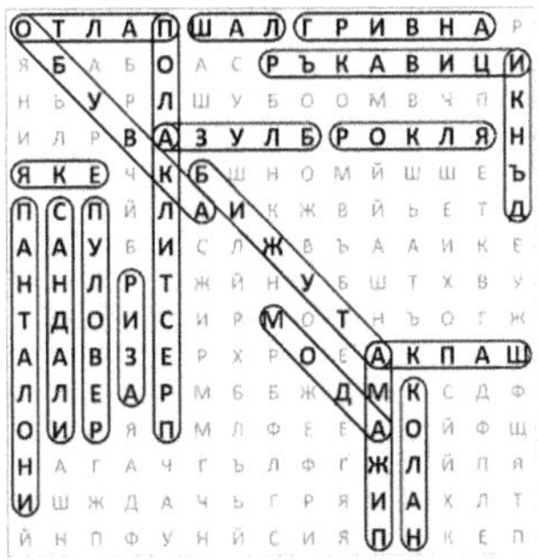

35 - Insects

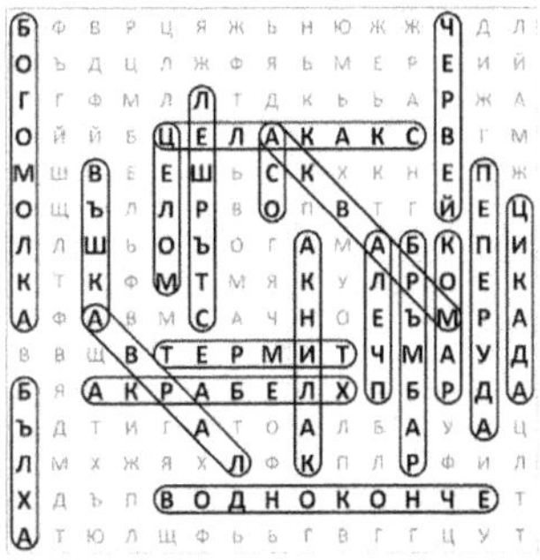

36 - Astronomy

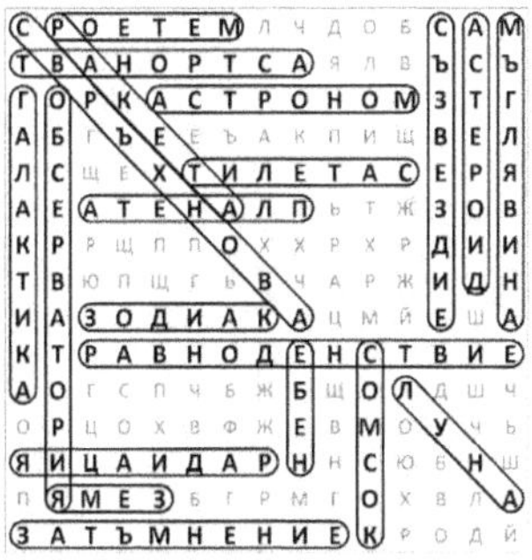

37 - Health and Wellness #2

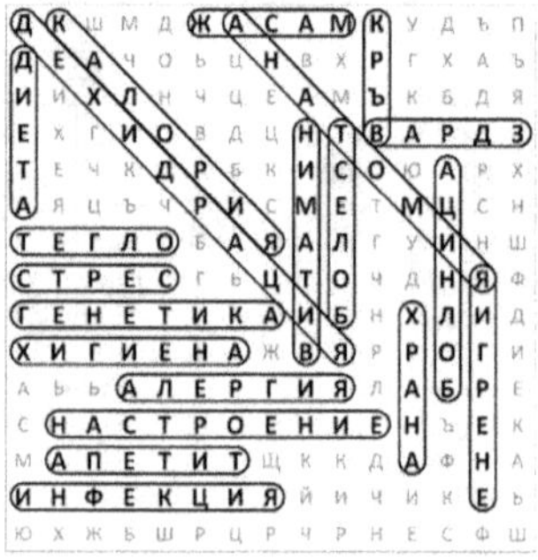

38 - Disease

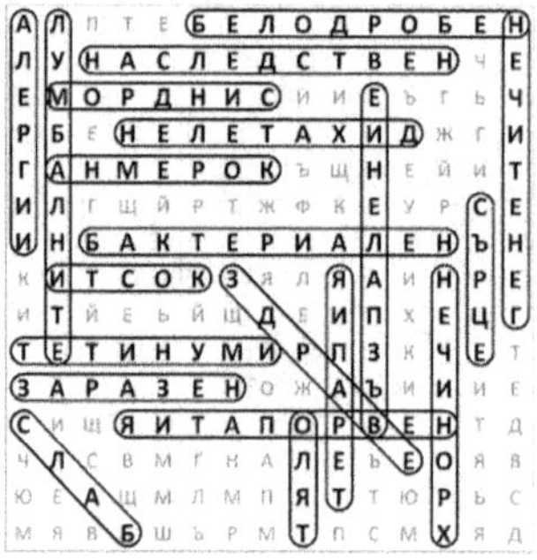

39 - Time

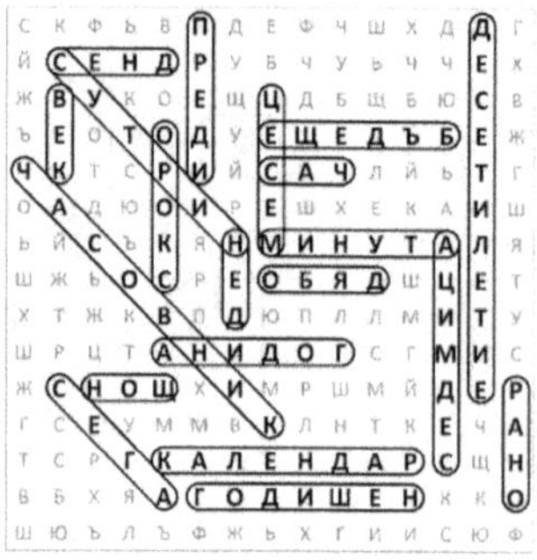

40 - Buildings

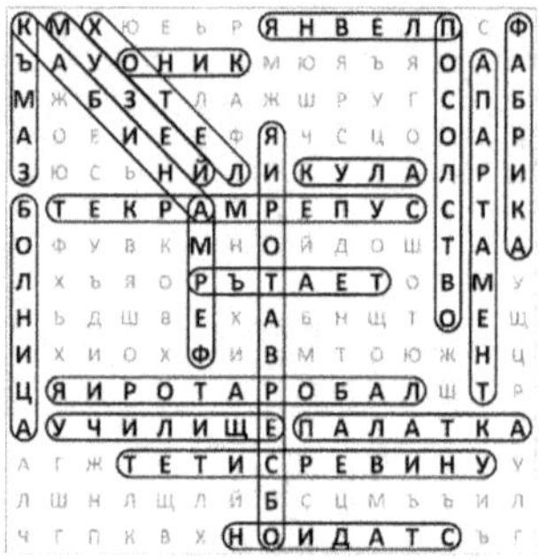

41 - Herbalism

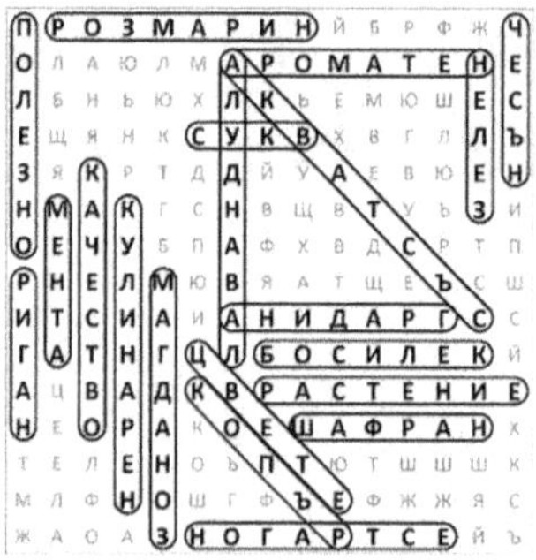

42 - Vehicles

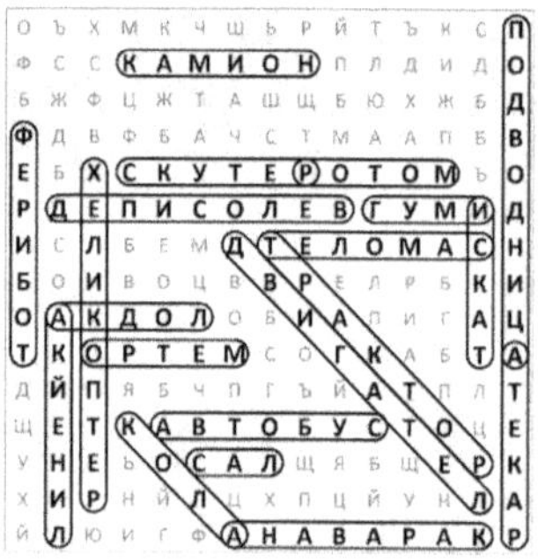

43 - Flowers

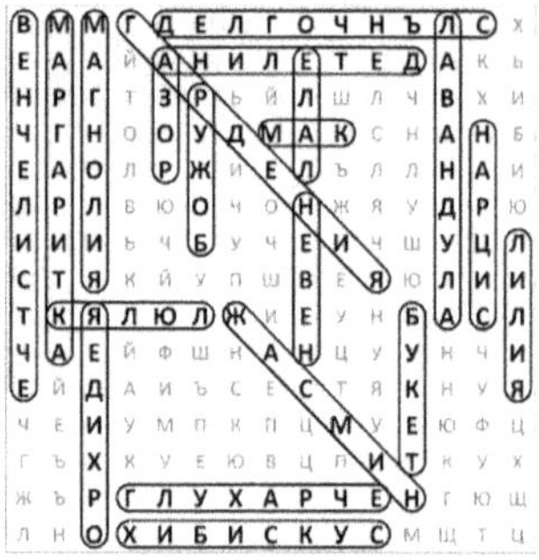

44 - Health and Wellness #1

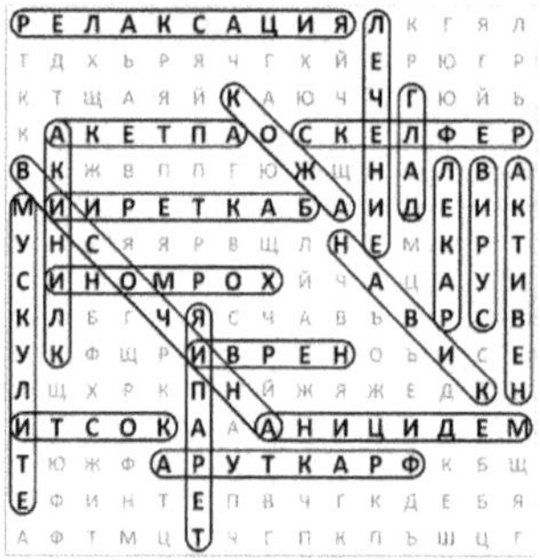

45 - Town

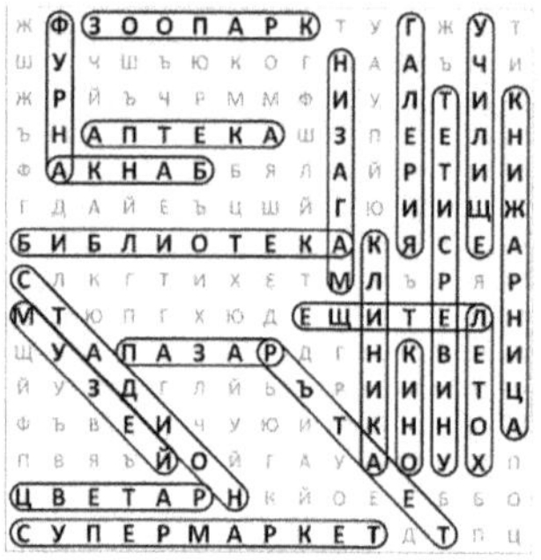

46 - Antarctica

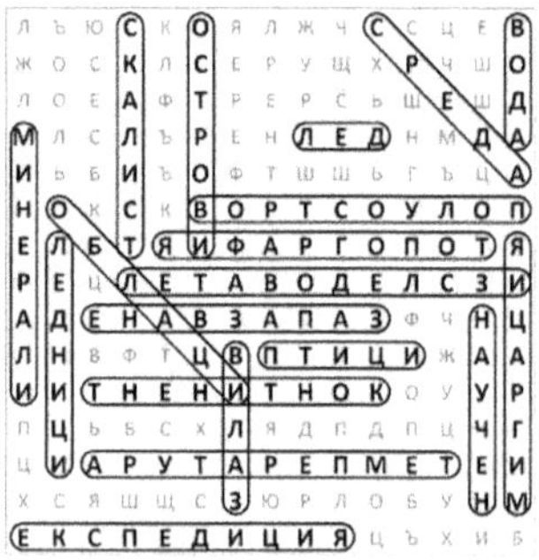

47 - Ballet

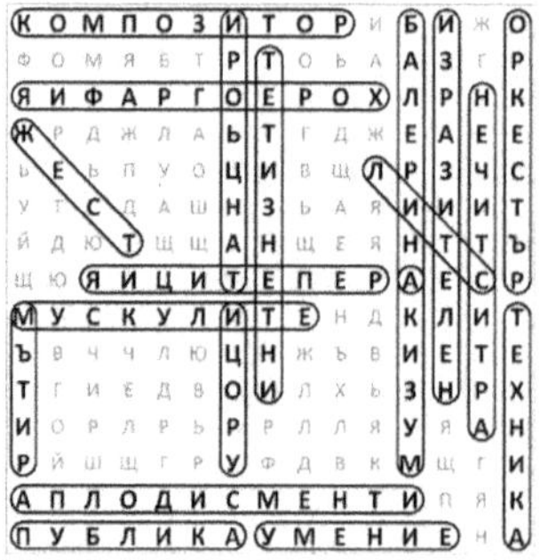

48 - Human Body

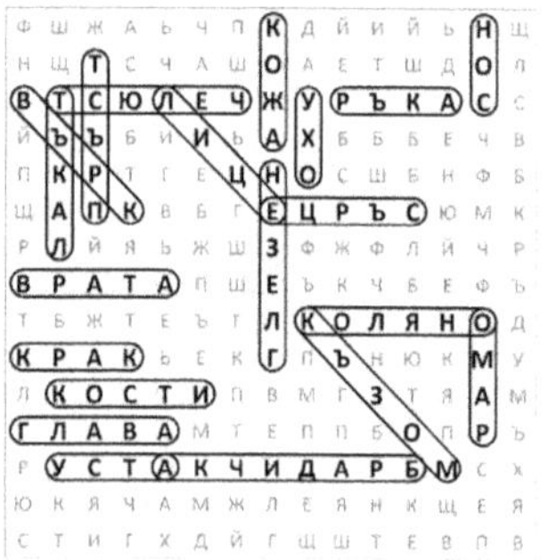

49 - Musical Instruments

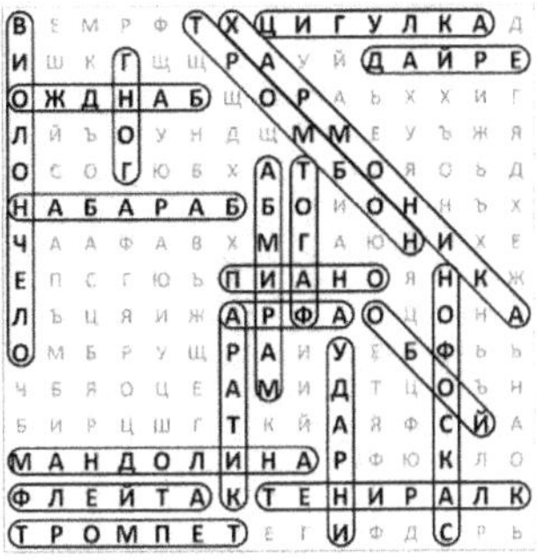

50 - Fruit

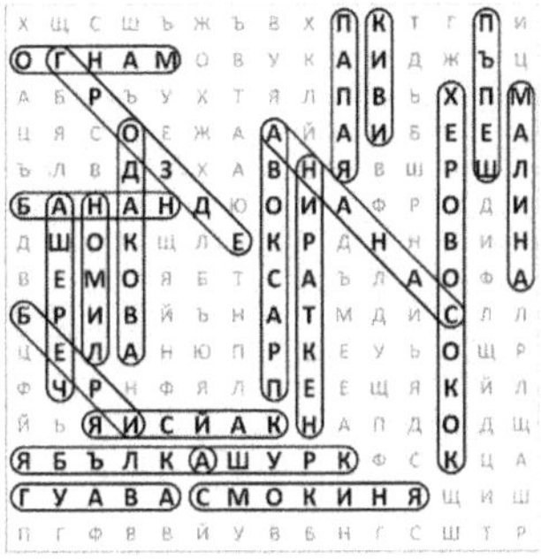

51 - Engineering

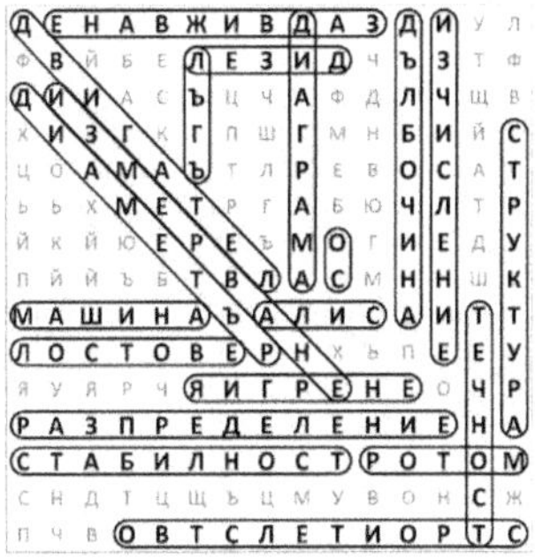

52 - Kitchen

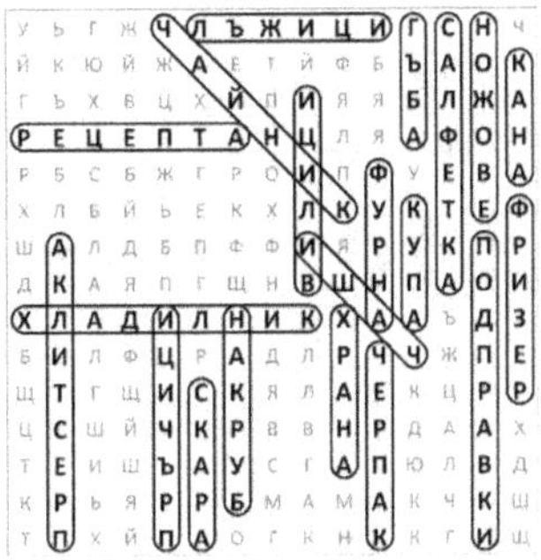

53 - Government

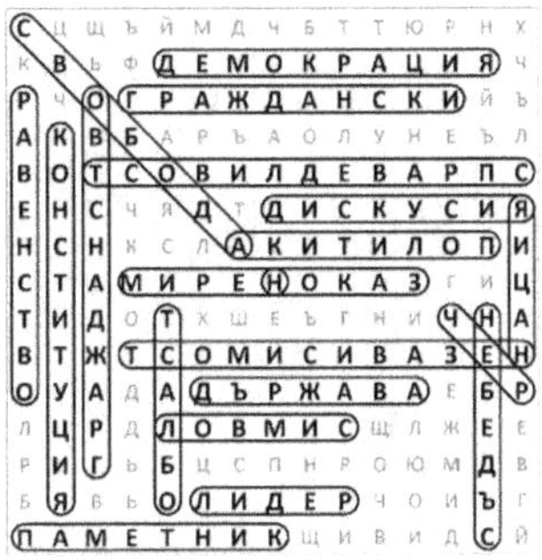

54 - Art Supplies

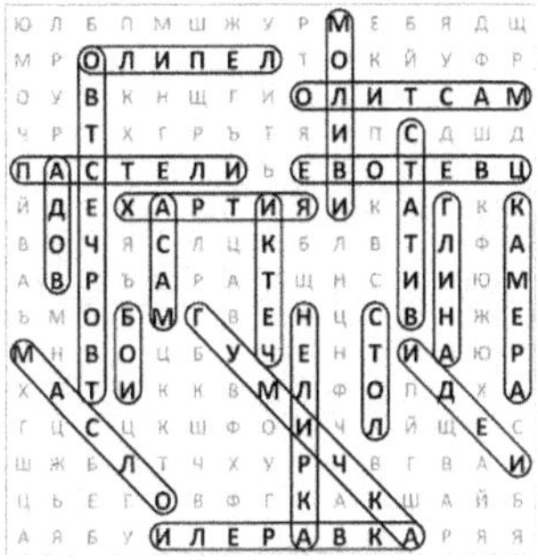

55 - Science Fiction

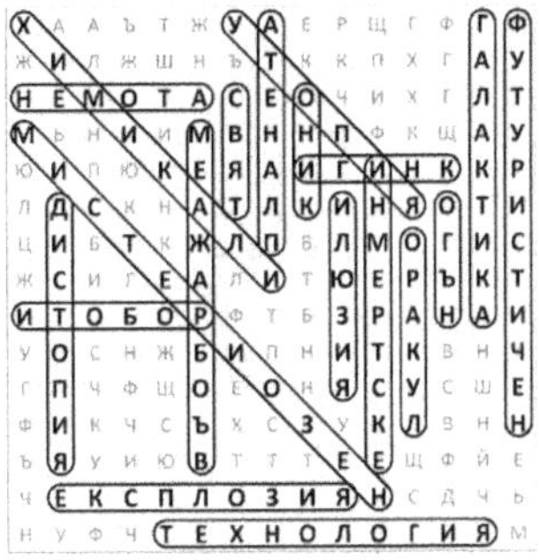

56 - Geometry

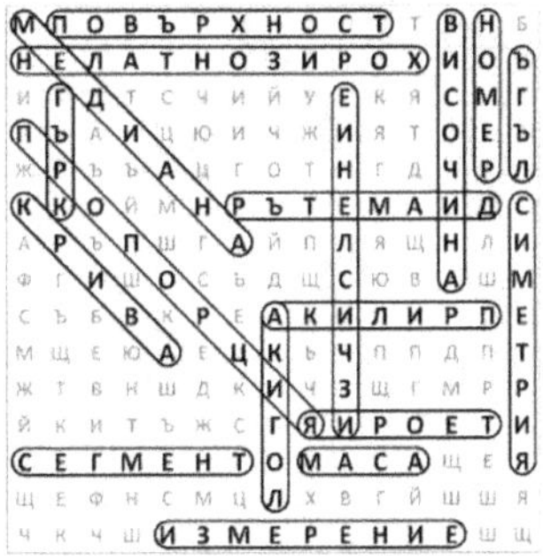

57 - Creativity

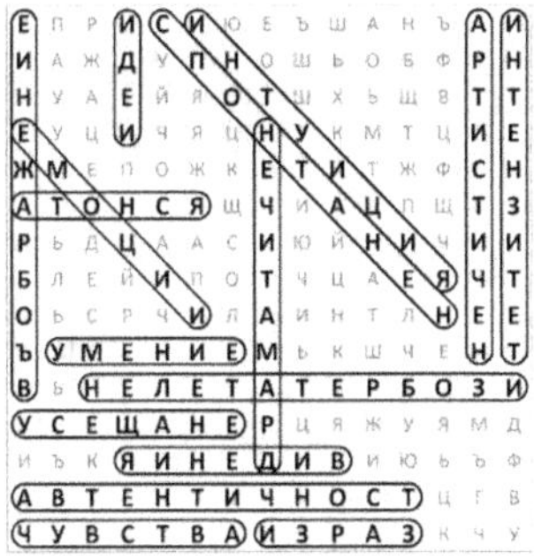

58 - Airplanes

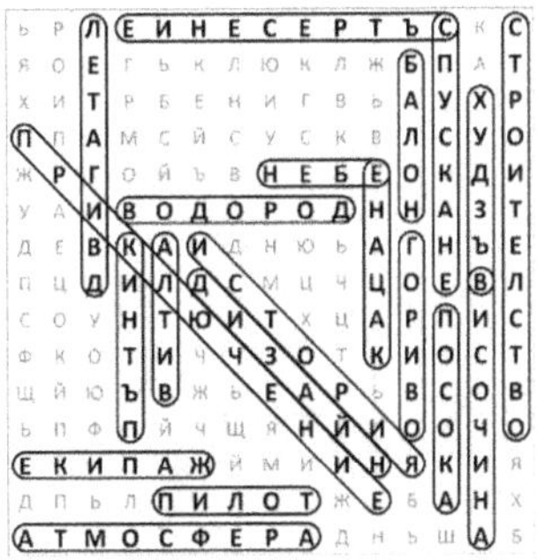

59 - Ocean

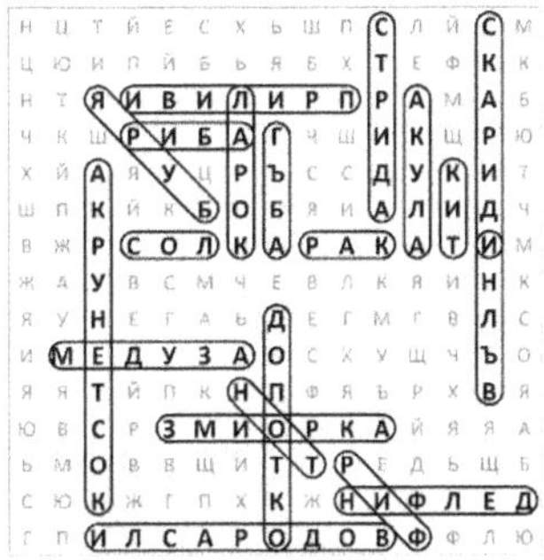

60 - Force and Gravity

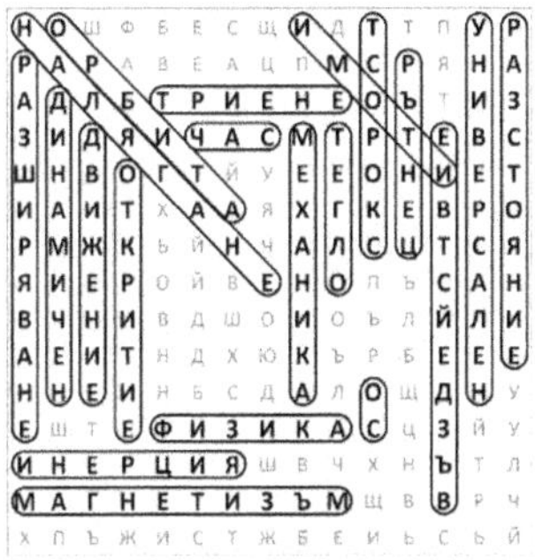

61 - Birds

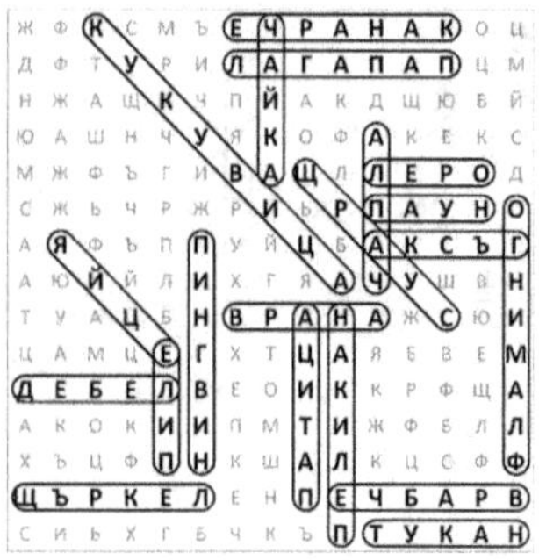

62 - Nutrition

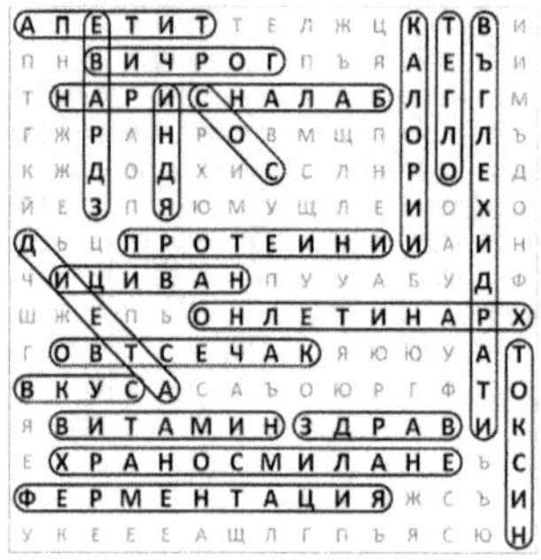

63 - Hiking

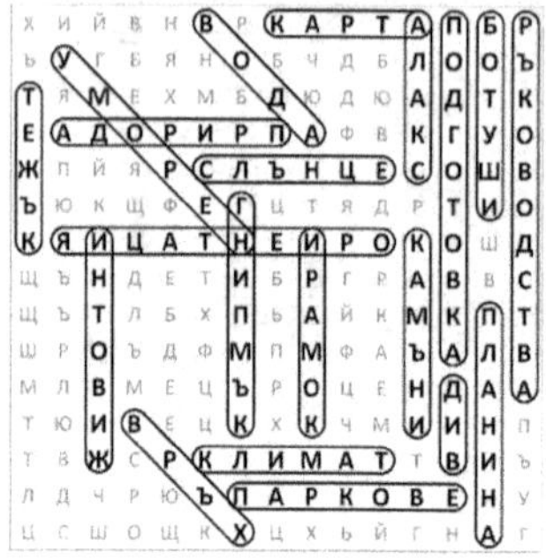

64 - Professions #1

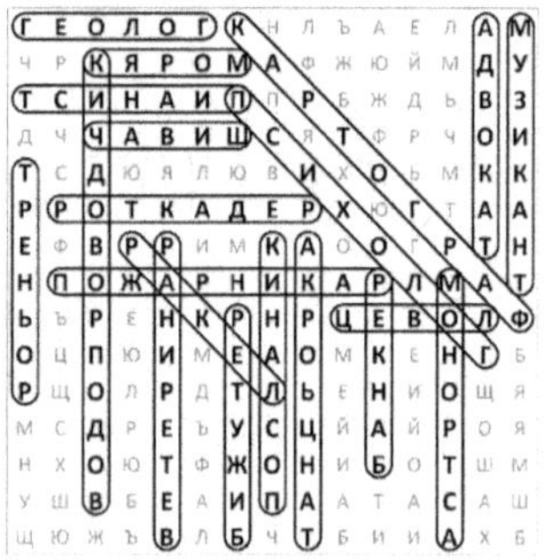

65 - Barbecues

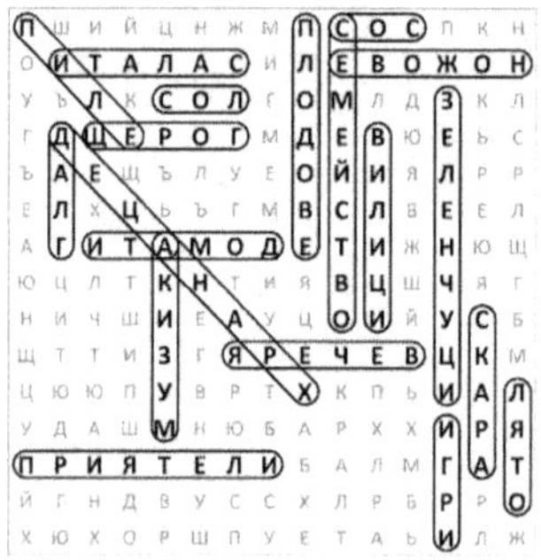

66 - Chocolate

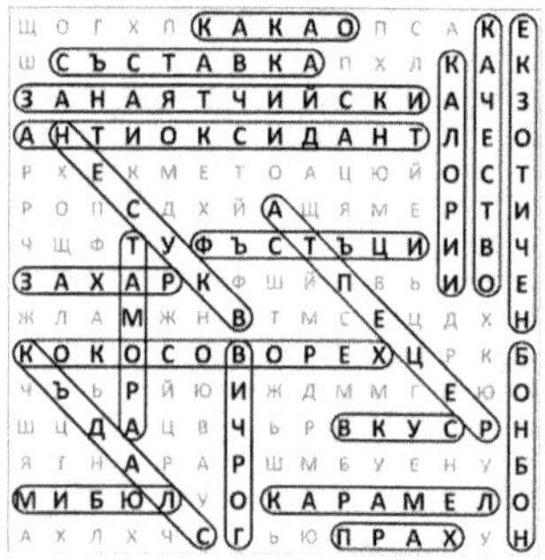

67 - Vegetables

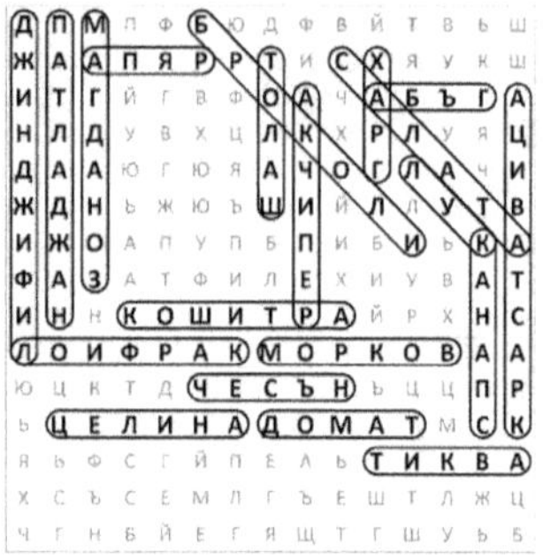

68 - The Media

69 - Boats

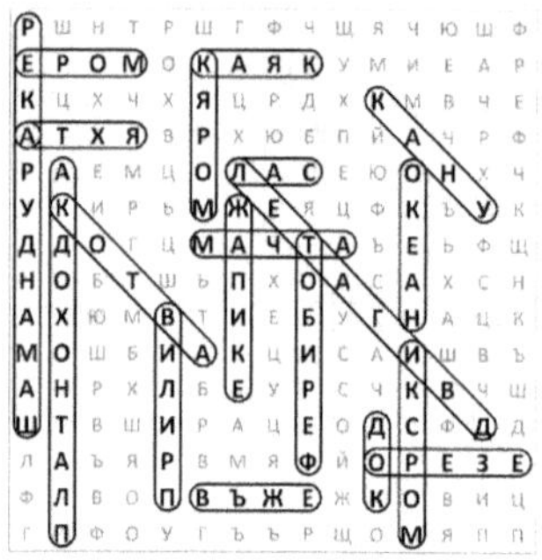

70 - Activities and Leisure

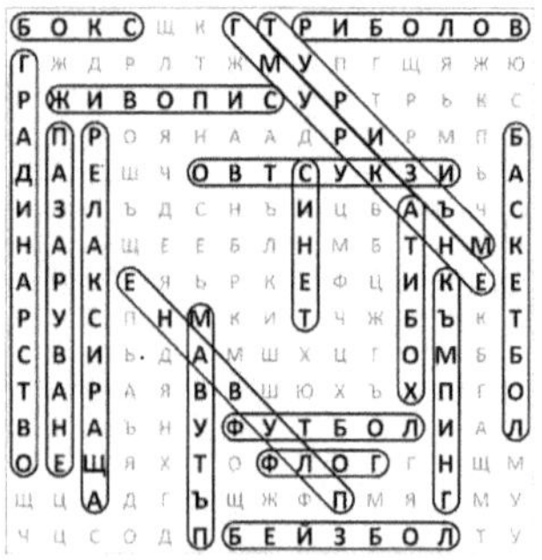

71 - Driving

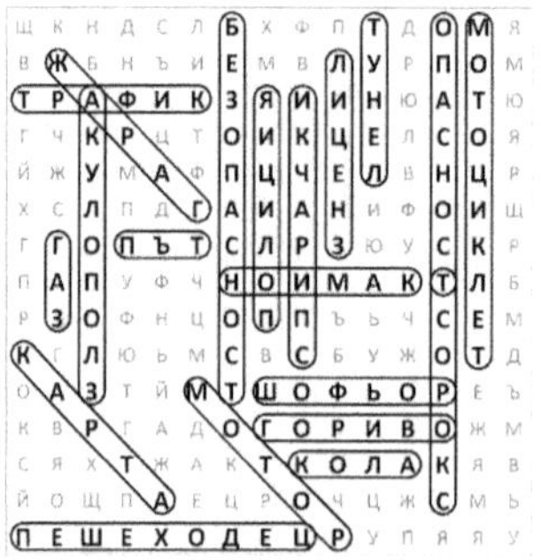

72 - Biology

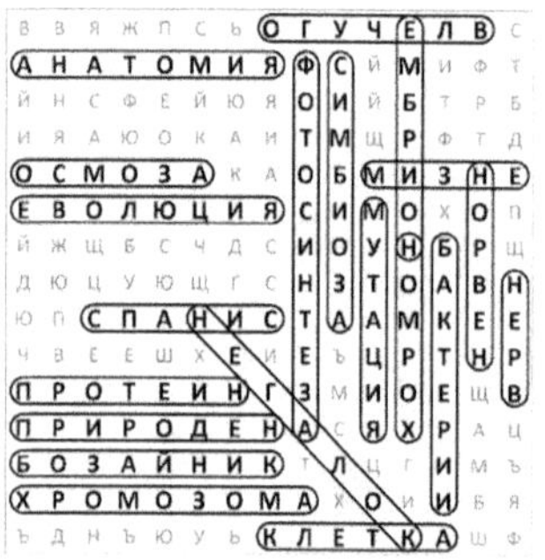

73 - Professions #2

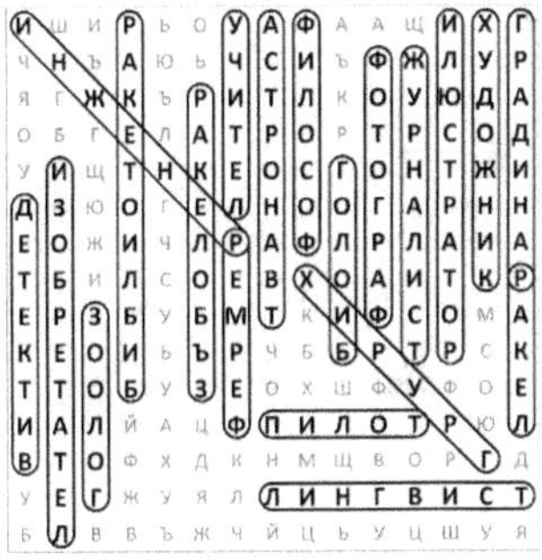

74 - Mythology

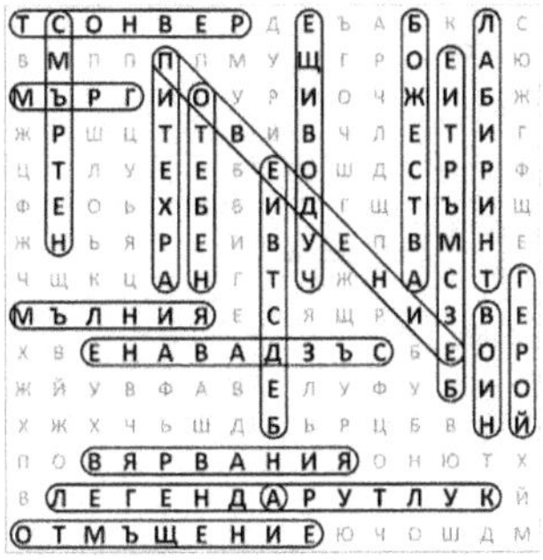

75 - Agronomy

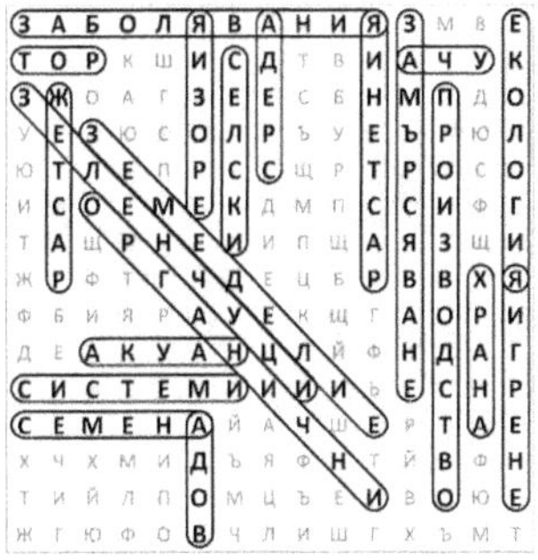

76 - Hair Types

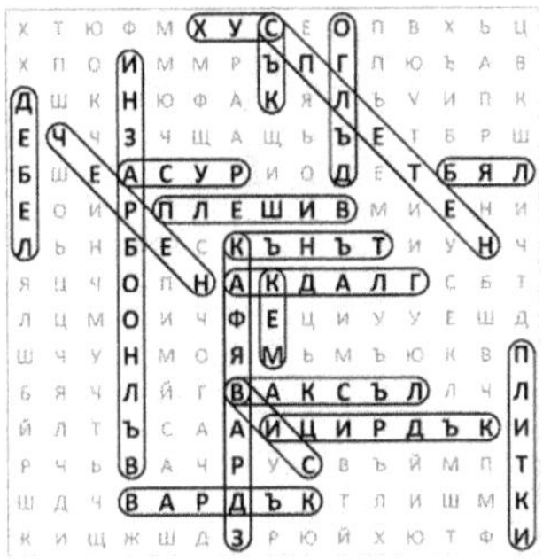

77 - Garden

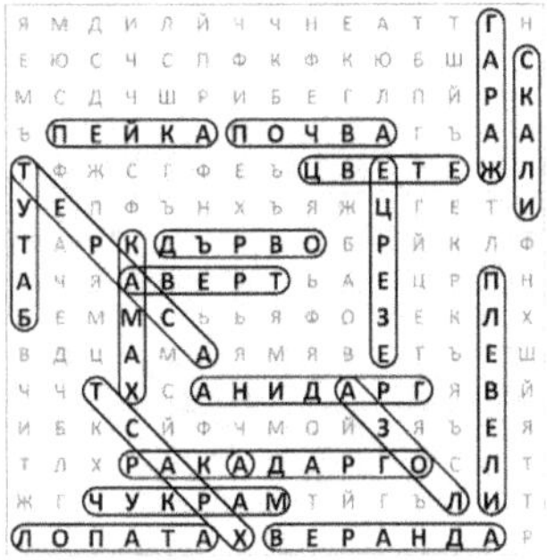

78 - Diplomacy

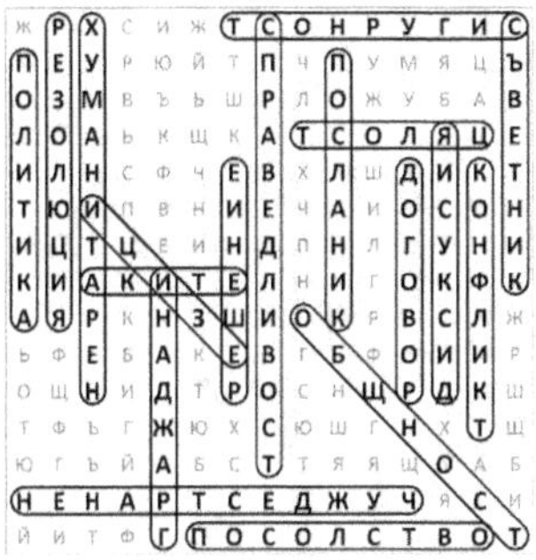

79 - Countries #1

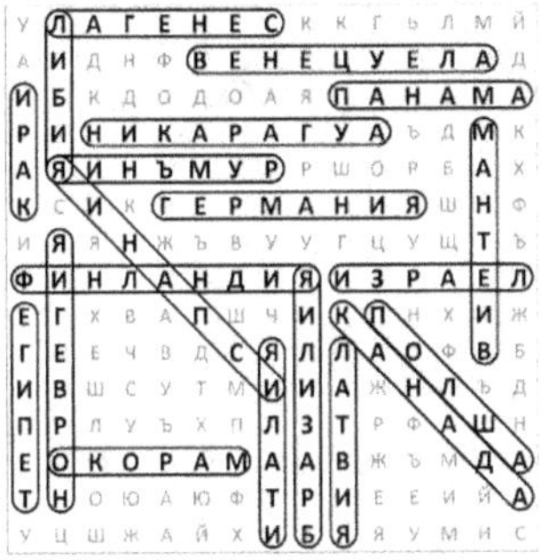

80 - Immigration

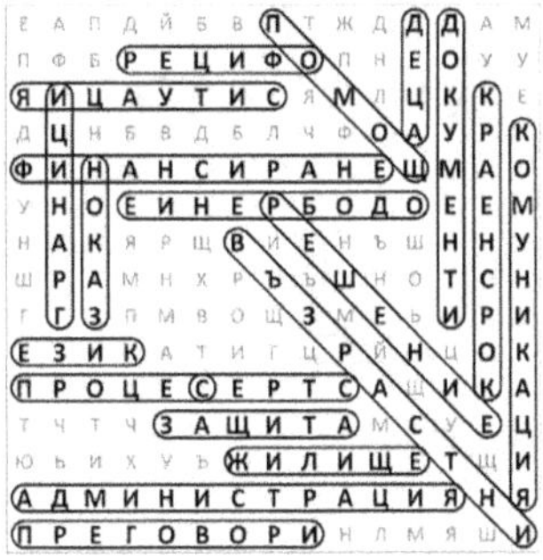

81 - Adjectives #1

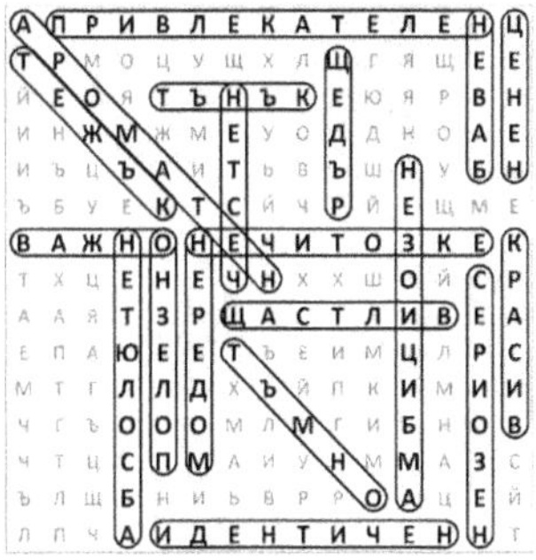

82 - Technology

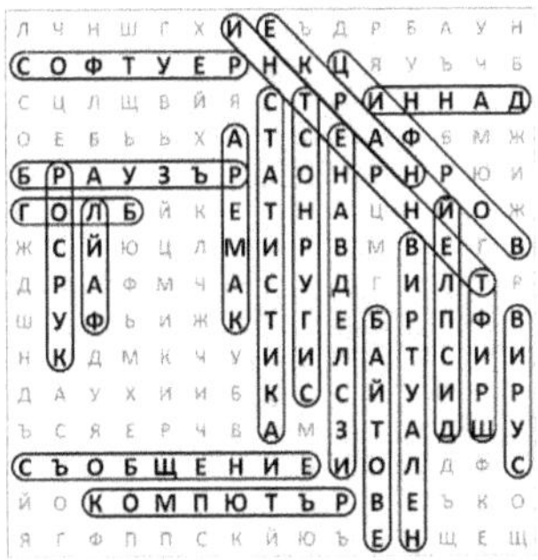

83 - Landscapes

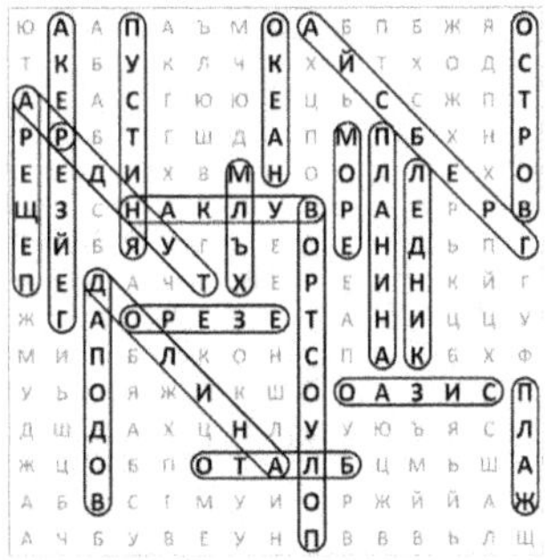

84 - Visual Arts

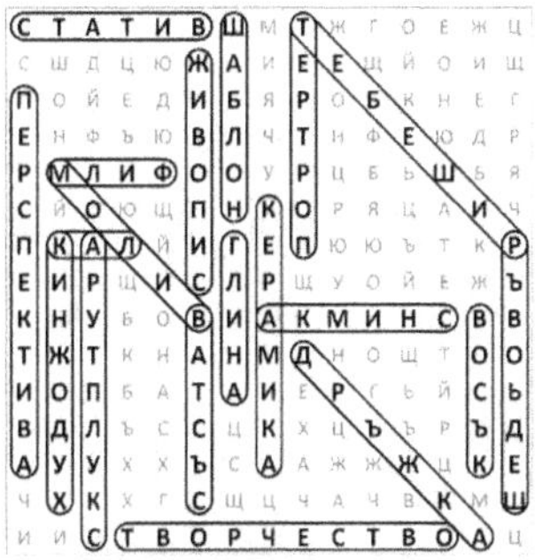

85 - Plants

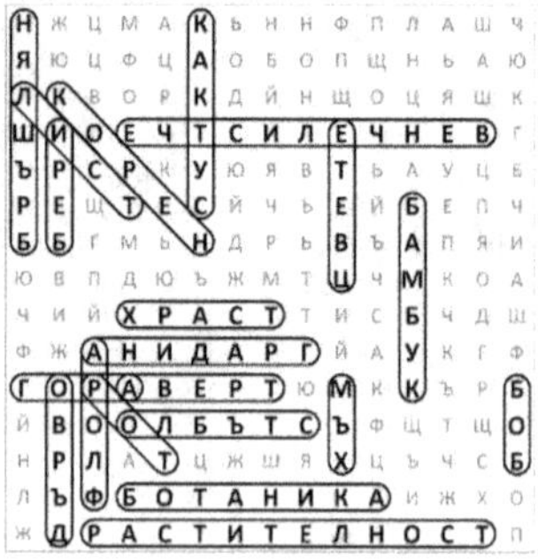

86 - Countries #2

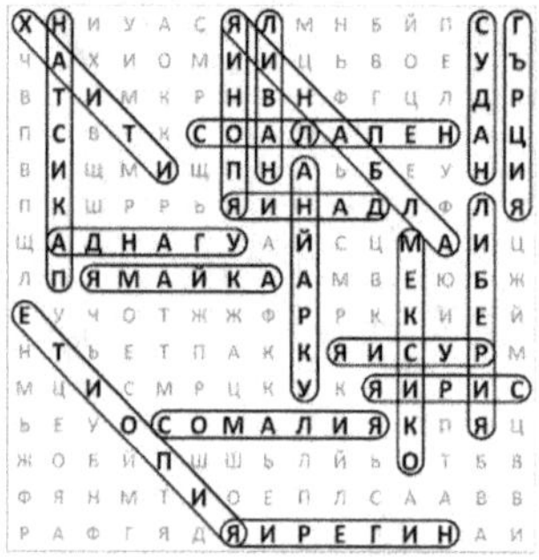

87 - Ecology

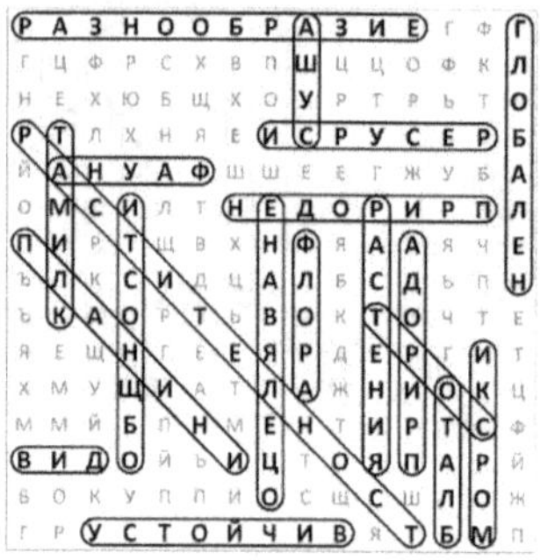

88 - Adjectives #2

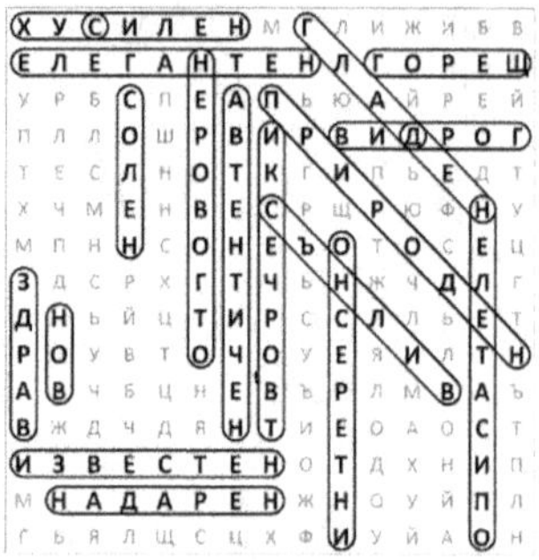

89 - Psychology

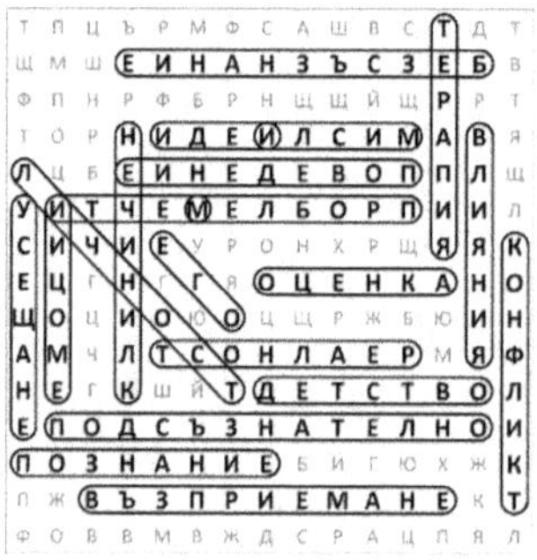

90 - Math

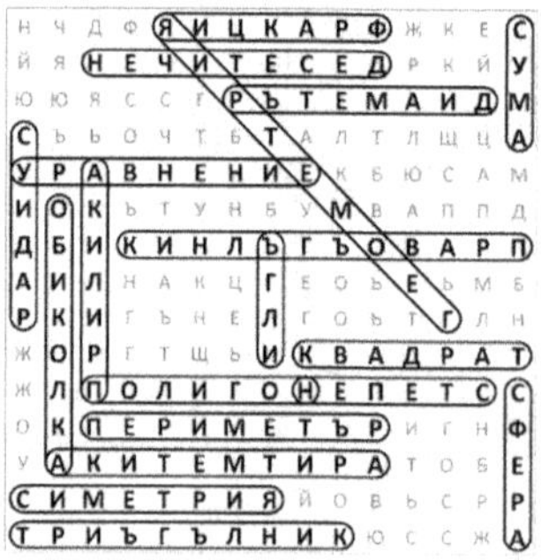

91 - Water

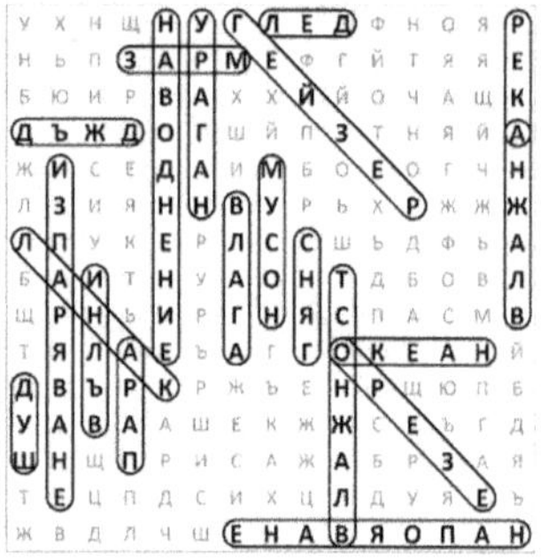

92 - Activities

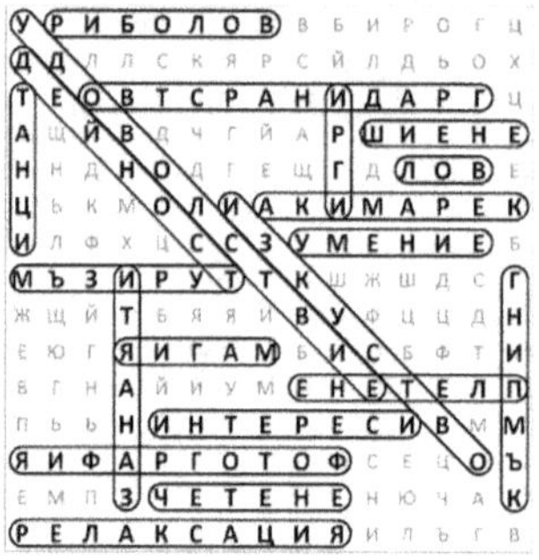

93 - Business

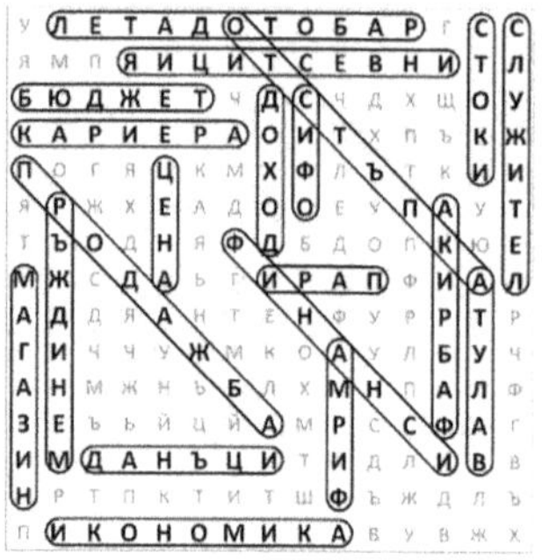

94 - The Company

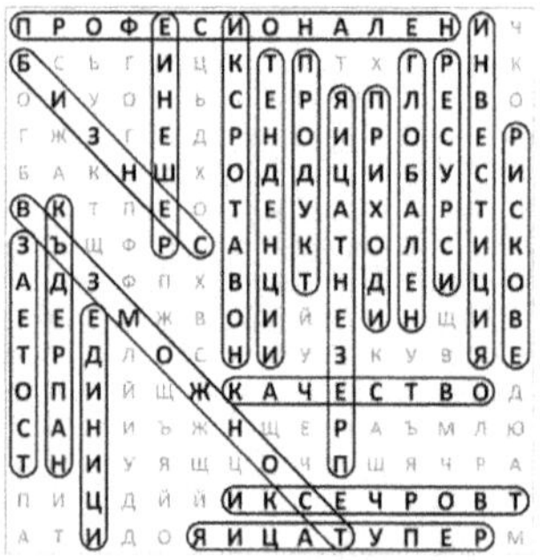

95 - Literature

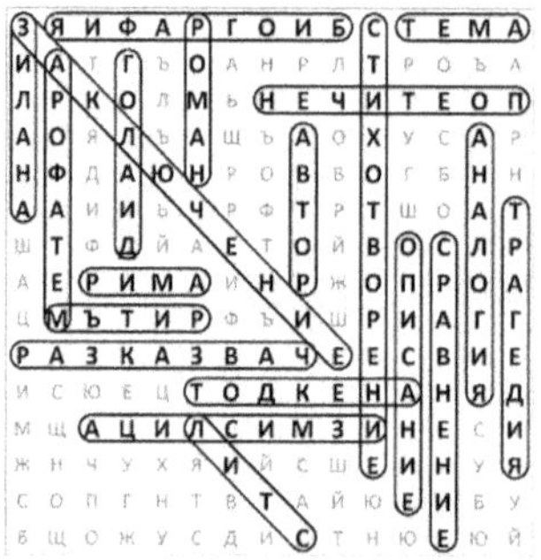

96 - Geography

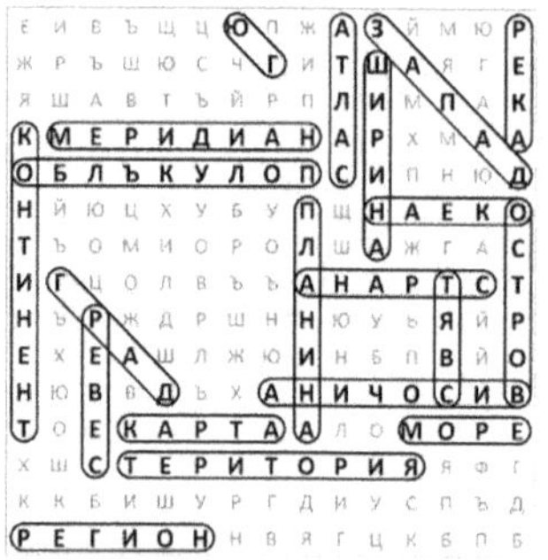

97 - Jazz

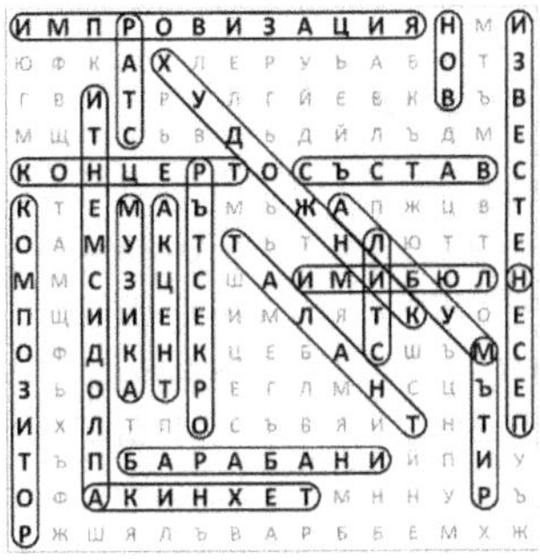

98 - Nature

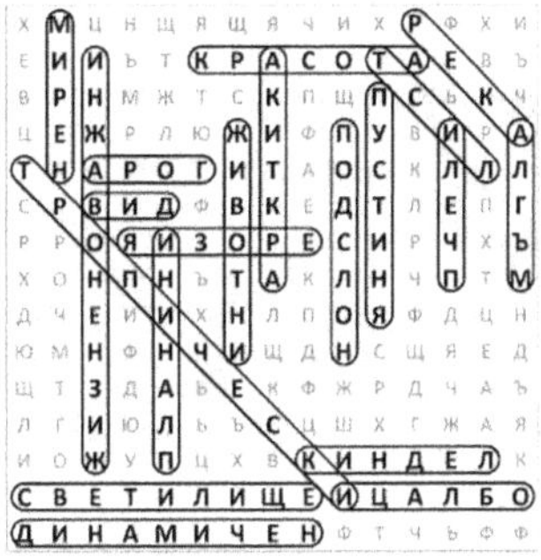

99 - Vacation #2

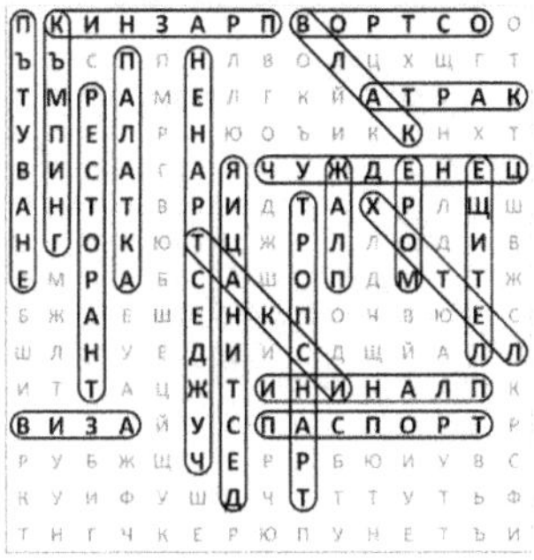

100 - Electricity

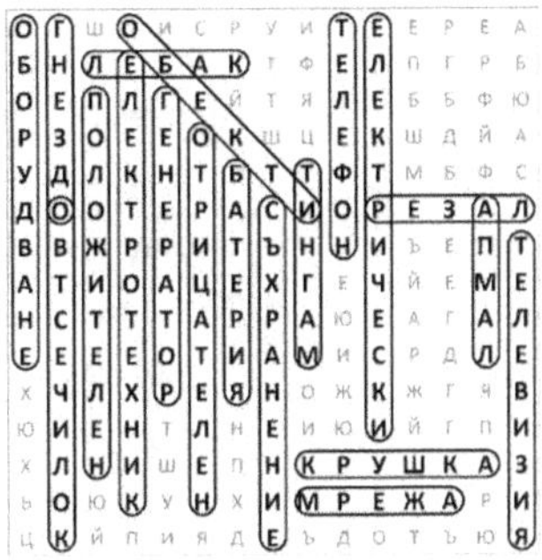

Dictionary

Activities
Дейности

Activity	Дейност
Art	Изкуство
Camping	Къмпинг
Ceramics	Керамика
Crafts	Занаяти
Dancing	Танци
Fishing	Риболов
Games	Игри
Gardening	Градинарство
Hiking	Туризъм
Hunting	Лов
Interests	Интереси
Knitting	Плетене
Magic	Магия
Photography	Фотография
Pleasure	Удоволствие
Reading	Четене
Relaxation	Релаксация
Sewing	Шиене
Skill	Умение

Activities and Leisure
Дейности и Свободно Време

Art	Изкуство
Baseball	Бейзбол
Basketball	Баскетбол
Boxing	Бокс
Camping	Къмпинг
Diving	Гмуркане
Fishing	Риболов
Gardening	Градинарство
Golf	Голф
Hiking	Туризъм
Hobbies	Хобита
Painting	Живопис
Relaxing	Релаксираща
Shopping	Пазаруване
Soccer	Футбол
Surfing	Сърфиране
Swimming	Плуване
Tennis	Тенис
Travel	Пътувам
Volleyball	Волейбол

Adjectives #1
Прилагателни #1

Absolute	Абсолютен
Ambitious	Амбициозен
Aromatic	Ароматен
Artistic	Артистичен
Attractive	Привлекателен
Beautiful	Красив
Dark	Тъмно
Exotic	Екзотичен
Generous	Щедър
Happy	Щастлив
Heavy	Тежък
Helpful	Полезно
Honest	Честен
Identical	Идентичен
Important	Важно
Modern	Модерен
Serious	Сериозен
Slow	Бавен
Thin	Тънък
Valuable	Ценен

Adjectives #2
Прилагателни #2

Authentic	Автентичен
Creative	Творчески
Descriptive	Описателен
Dry	Сух
Elegant	Елегантен
Famous	Известен
Gifted	Надарен
Healthy	Здрав
Hot	Горещ
Hungry	Гладен
Interesting	Интересно
Natural	Природен
New	Нов
Productive	Продуктивни
Proud	Горд
Responsible	Отговорен
Salty	Солен
Sleepy	Сънлив
Strong	Силен
Wild	Див

Adventure
Приключенски

Activity	Дейност
Beauty	Красота
Chance	Шанс
Dangerous	Опасен
Destination	Дестинация
Difficulty	Трудност
Enthusiasm	Ентусиазъм
Excursion	Екскурзия
Friends	Приятели
Itinerary	Маршрут
Joy	Радост
Nature	Природа
Navigation	Навигация
New	Нов
Opportunity	Възможност
Preparation	Подготовка
Safety	Безопасност
Travels	Пътува
Unusual	Необичаен

Agronomy
Агрономство

Diseases	Заболявания
Ecology	Екология
Energy	Енергия
Environment	Среда
Erosion	Ерозия
Farming	Земеделие
Fertilizer	Тор
Food	Храна
Growth	Растеж
Organic	Органични
Plants	Растения
Pollution	Замърсяване
Production	Производство
Rural	Селски
Science	Наука
Seeds	Семена
Study	Уча
Systems	Системи
Vegetables	Зеленчуци
Water	Вода

Airplanes
Самолети

Adventure	Приключение
Air	Въздух
Atmosphere	Атмосфера
Balloon	Балон
Construction	Строителство
Crew	Екипаж
Descent	Спускане
Design	Дизайн
Direction	Посока
Engine	Двигател
Fuel	Гориво
Height	Височина
History	История
Hydrogen	Водород
Landing	Кацане
Passenger	Пътник
Pilot	Пилот
Propellers	Витла
Sky	Небе
Turbulence	Сътресение

Algebra
Алгебра

Diagram	Диаграма
Equation	Уравнение
Exponent	Степен
Factor	Фактор
False	Фалшив
Formula	Формула
Fraction	Фракция
Graph	Графика
Infinite	Безкраен
Linear	Линеен
Matrix	Матрица
Number	Номер
Parenthesis	Скоби
Problem	Проблем
Quantity	Количество
Simplify	Опрости
Solution	Решение
Subtraction	Изваждане
Variable	Променлив
Zero	Нула

Antarctica
Антарктида

Bay	Залив
Birds	Птици
Clouds	Облаци
Conservation	Запазване
Continent	Континент
Environment	Среда
Expedition	Експедиция
Geography	География
Glaciers	Ледници
Ice	Лед
Islands	Острови
Migration	Миграция
Minerals	Минерали
Peninsula	Полуостров
Researcher	Изследовател
Rocky	Скалист
Scientific	Научен
Temperature	Температура
Topography	Топография
Water	Вода

Antiques
Антики

Art	Изкуство
Auction	Търг
Authentic	Автентичен
Century	Век
Coins	Монети
Collector	Колектор
Decades	Десетилетия
Decorative	Декоративен
Elegant	Елегантен
Furniture	Мебели
Gallery	Галерия
Investment	Инвестиция
Jewelry	Бижута
Old	Стар
Price	Цена
Quality	Качество
Sculpture	Скулптура
Style	Стил
Unusual	Необичаен
Value	Стойност

Archeology
Археология

Analysis	Анализ
Ancient	Древен
Antiquity	Древност
Bones	Кости
Civilization	Цивилизация
Descendant	Потомък
Era	Ера
Evaluation	Оценка
Expert	Експерт
Findings	Констатации
Forgotten	Забравена
Fossil	Минерал
Mystery	Мистерия
Objects	Обекти
Relic	Реликва
Researcher	Изследовател
Team	Отбор
Temple	Храм
Tomb	Гроб
Unknown	Неизвестен

Art Supplies
Арт Консумативи

Acrylic	Акрилен
Brushes	Четки
Camera	Камера
Chair	Стол
Clay	Глина
Colors	Цветове
Creativity	Творчество
Easel	Статив
Eraser	Гумичка
Glue	Лепило
Ideas	Идеи
Ink	Мастило
Oil	Масло
Paints	Бои
Paper	Хартия
Pastels	Пастели
Pencils	Моливи
Table	Маса
Water	Вода
Watercolors	Акварели

Astronomy
Астрономия

Asteroid	Астероид
Astronaut	Астронавт
Astronomer	Астроном
Constellation	Съзвездие
Cosmos	Космос
Earth	Земя
Eclipse	Затъмнение
Equinox	Равноденствие
Galaxy	Галактика
Meteor	Метеор
Moon	Луна
Nebula	Мъглявина
Observatory	Обсерватория
Planet	Планета
Radiation	Радиация
Rocket	Ракета
Satellite	Сателит
Sky	Небе
Supernova	Свръхнова
Zodiac	Зодиак

Ballet
Балет

Applause	Аплодисменти
Artistic	Артистичен
Audience	Публика
Ballerina	Балерина
Choreography	Хореография
Composer	Композитор
Dancers	Танцьори
Expressive	Изразителен
Gesture	Жест
Intensity	Интензитет
Lessons	Уроци
Muscles	Мускулите
Music	Музика
Orchestra	Оркестър
Practice	Практика
Rehearsal	Репетиция
Rhythm	Ритъм
Skill	Умение
Style	Стил
Technique	Техника

Barbecues
Барбекюта

Chicken	Пиле
Children	Деца
Dinner	Вечеря
Family	Семейство
Food	Храна
Forks	Вилици
Friends	Приятели
Fruit	Плодове
Games	Игри
Grill	Скара
Hot	Горещ
Hunger	Глад
Knives	Ножове
Music	Музика
Salads	Салати
Salt	Сол
Sauce	Сос
Summer	Лято
Tomatoes	Домати
Vegetables	Зеленчуци

Beauty
Красота

Charm	Чар
Color	Цвят
Cosmetics	Козметика
Curls	Къдрици
Elegance	Елегантност
Elegant	Елегантен
Fragrance	Аромат
Grace	Благодат
Lipstick	Червило
Makeup	Грим
Mascara	Спирала
Mirror	Огледало
Oils	Масла
Photogenic	Фотогеничен
Products	Продукти
Scissors	Ножица
Services	Услуги
Shampoo	Шампоан
Skin	Кожа
Stylist	Стилист

Bees
Пчелите

Beneficial	Полезно
Diversity	Разнообразие
Ecosystem	Екосистема
Flowers	Цветя
Food	Храна
Fruit	Плодове
Garden	Градина
Hive	Кошер
Honey	Мед
Insect	Насекомо
Plants	Растения
Pollen	Прашец
Pollinator	Опрашител
Queen	Кралица
Smoke	Дим
Sun	Слънце
Swarm	Рояк
Wax	Восък
Wings	Крила

Biology
Биология

Anatomy	Анатомия
Bacteria	Бактерии
Cell	Клетка
Chromosome	Хромозома
Collagen	Колаген
Embryo	Ембрион
Enzyme	Ензим
Evolution	Еволюция
Hormone	Хормон
Mammal	Бозайник
Mutation	Мутация
Natural	Природен
Nerve	Нерв
Neuron	Неврон
Osmosis	Осмоза
Photosynthesis	Фотосинтеза
Protein	Протеин
Reptile	Влечуго
Symbiosis	Симбиоза
Synapse	Синапс

Birds
Птици

Canary	Канарче
Chicken	Пиле
Crow	Врана
Cuckoo	Кукувица
Duck	Патица
Eagle	Орел
Egg	Яйце
Flamingo	Фламинго
Goose	Гъска
Gull	Чайка
Heron	Чапла
Ostrich	Щраус
Parrot	Папагал
Peacock	Паун
Pelican	Пеликан
Penguin	Пингвин
Sparrow	Врабче
Stork	Щъркел
Swan	Лебед
Toucan	Тукан

Boats
Лодки

Anchor	Котва
Buoy	Шамандура
Canoe	Кану
Crew	Екипаж
Dock	Док
Engine	Двигател
Ferry	Ферибот
Kayak	Каяк
Lake	Езеро
Mast	Мачта
Nautical	Морски
Ocean	Океан
Raft	Сал
River	Река
Rope	Въже
Sailboat	Платноходка
Sailor	Моряк
Sea	Море
Tide	Прилив
Yacht	Яхта

Books
Книги

Adventure	Приключение
Author	Автор
Collection	Колекция
Context	Контекст
Duality	Двойственост
Epic	Епичен
Historical	Исторически
Humorous	Хумористичен
Inventive	Изобретателен
Literary	Литература
Narrator	Разказвач
Novel	Роман
Page	Страница
Poem	Стихотворение
Poetry	Поезия
Reader	Читател
Relevant	Уместен
Series	Серия
Story	История
Tragic	Трагичен

Buildings
Сгради

Apartment	Апартамент
Barn	Плевня
Cabin	Кабина
Castle	Замък
Cinema	Кино
Embassy	Посолство
Factory	Фабрика
Farm	Ферма
Hospital	Болница
Hotel	Хотел
Laboratory	Лаборатория
Museum	Музей
Observatory	Обсерватория
School	Училище
Stadium	Стадион
Supermarket	Супермаркет
Tent	Палатка
Theater	Театър
Tower	Кула
University	Университет

Business
Бизнес

Budget	Бюджет
Career	Кариера
Company	Фирма
Cost	Цена
Currency	Валута
Discount	Отстъпка
Economics	Икономика
Employee	Служител
Employer	Работодател
Factory	Фабрика
Finance	Финанси
Income	Доход
Investment	Инвестиция
Manager	Мениджър
Merchandise	Стоки
Money	Пари
Office	Офис
Sale	Продажба
Shop	Магазин
Taxes	Данъци

Camping
Къмпинг

Adventure	Приключение
Animals	Животни
Cabin	Кабина
Canoe	Кану
Compass	Компас
Fire	Огън
Forest	Гора
Fun	Забавление
Hammock	Хамак
Hat	Шапка
Hunting	Лов
Insect	Насекомо
Lake	Езеро
Map	Карта
Moon	Луна
Mountain	Планина
Nature	Природа
Rope	Въже
Tent	Палатка
Trees	Дървета

Chemistry
Химия

Acid	Киселина
Alkaline	Алкална
Atomic	Атомен
Carbon	Въглерод
Catalyst	Катализатор
Chlorine	Хлор
Electron	Електрон
Enzyme	Ензим
Gas	Газ
Heat	Топлина
Hydrogen	Водород
Ion	Йон
Liquid	Течност
Molecule	Молекула
Nuclear	Ядрен
Organic	Органични
Oxygen	Кислород
Salt	Сол
Temperature	Температура
Weight	Тегло

Chocolate
Шоколад

Antioxidant	Антиоксидант
Aroma	Аромат
Artisanal	Занаятчийски
Bitter	Горчив
Cacao	Какао
Calories	Калории
Candy	Бонбон
Caramel	Карамел
Coconut	Кокосов Орех
Delicious	Вкусен
Exotic	Екзотичен
Favorite	Любим
Ingredient	Съставка
Peanuts	Фъстъци
Powder	Прах
Quality	Качество
Recipe	Рецепта
Sugar	Захар
Sweet	Сладък
Taste	Вкус

Clothes
Дрехи

Apron	Престилка
Belt	Колан
Blouse	Блуза
Bracelet	Гривна
Coat	Палто
Dress	Рокля
Fashion	Мода
Gloves	Ръкавици
Hat	Шапка
Jacket	Яке
Jeans	Дънки
Jewelry	Бижута
Pajamas	Пижама
Pants	Панталони
Sandals	Сандали
Scarf	Шал
Shirt	Риза
Shoe	Обувка
Skirt	Пола
Sweater	Пуловер

Countries #1
Страни #1

Brazil	Бразилия
Canada	Канада
Egypt	Египет
Finland	Финландия
Germany	Германия
Iraq	Ирак
Israel	Израел
Italy	Италия
Latvia	Латвия
Libya	Либия
Morocco	Мароко
Nicaragua	Никарагуа
Norway	Норвегия
Panama	Панама
Poland	Полша
Romania	Румъния
Senegal	Сенегал
Spain	Испания
Venezuela	Венецуела
Vietnam	Виетнам

Countries #2
Страни #2

Albania	Албания
Denmark	Дания
Ethiopia	Етиопия
Greece	Гърция
Haiti	Хаити
Jamaica	Ямайка
Japan	Япония
Laos	Лаос
Lebanon	Ливан
Liberia	Либерия
Mexico	Мексико
Nepal	Непал
Nigeria	Нигерия
Pakistan	Пакистан
Russia	Русия
Somalia	Сомалия
Sudan	Судан
Syria	Сирия
Uganda	Уганда
Ukraine	Украйна

Creativity
Творчество

Artistic	Артистичен
Authenticity	Автентичност
Clarity	Яснота
Dramatic	Драматичен
Emotions	Емоции
Expression	Израз
Feelings	Чувства
Ideas	Идеи
Image	Изображение
Imagination	Въображение
Impression	Впечатление
Inspiration	Вдъхновение
Intensity	Интензитет
Intuition	Интуиция
Inventive	Изобретателен
Sensation	Усещане
Skill	Умение
Spontaneous	Спонтанен
Visions	Видения
Vitality	Жизненост

Dance
Танцувай

Academy	Академия
Art	Изкуство
Body	Тяло
Choreography	Хореография
Classical	Класически
Cultural	Културен
Culture	Култура
Emotion	Емоция
Expressive	Изразителен
Grace	Благодат
Joyful	Радостен
Movement	Движение
Music	Музика
Partner	Партньор
Posture	Поза
Rehearsal	Репетиция
Rhythm	Ритъм
Traditional	Традиционен
Visual	Визуален

Days and Months
Дни и Месеци

April	Април
August	Август
Calendar	Календар
February	Февруари
Friday	Петък
January	Януари
July	Юли
March	Март
Monday	Понеделник
Month	Месец
November	Ноември
October	Октомври
Saturday	Събота
September	Септември
Sunday	Неделя
Thursday	Четвъртък
Tuesday	Вторник
Wednesday	Сряда
Week	Седмица
Year	Година

Diplomacy
Дипломация

Adviser	Съветник
Ambassador	Посланик
Citizens	Граждани
Civic	Граждански
Community	Общност
Conflict	Конфликт
Discussion	Дискусия
Embassy	Посолство
Ethics	Етика
Foreign	Чуждестранен
Government	Правителство
Humanitarian	Хуманитарен
Integrity	Цялост
Justice	Справедливост
Languages	Езици
Politics	Политика
Resolution	Резолюция
Security	Сигурност
Solution	Решение
Treaty	Договор

Disease
Болест

Abdominal	Коремна
Allergies	Алергии
Bacterial	Бактериален
Body	Тяло
Bones	Кости
Chronic	Хроничен
Contagious	Заразен
Genetic	Генетичен
Health	Здраве
Heart	Сърце
Hereditary	Наследствен
Immunity	Имунитет
Inflammation	Възпаление
Lumbar	Лумбалните
Neuropathy	Невропатия
Pulmonary	Белодробен
Respiratory	Дихателен
Syndrome	Синдром
Therapy	Терапия
Weak	Слаб

Driving
Шофиране

Accident	Злополука
Brakes	Спирачки
Car	Кола
Danger	Опасност
Driver	Шофьор
Fuel	Гориво
Garage	Гараж
Gas	Газ
License	Лиценз
Map	Карта
Motor	Мотор
Motorcycle	Мотоциклет
Pedestrian	Пешеходец
Police	Полиция
Road	Път
Safety	Безопасност
Speed	Скорост
Traffic	Трафик
Truck	Камион
Tunnel	Тунел

Ecology
Екология

Climate	Климат
Communities	Общности
Diversity	Разнообразие
Drought	Суша
Fauna	Фауна
Flora	Флора
Global	Глобален
Marine	Морски
Marsh	Блато
Mountains	Планини
Natural	Природен
Nature	Природа
Plants	Растения
Resources	Ресурси
Species	Вид
Survival	Оцеляване
Sustainable	Устойчив
Variety	Сорт
Vegetation	Растителност
Volunteers	Доброволци

Electricity
Електричество

Battery	Батерия
Bulb	Крушка
Cable	Кабел
Electric	Електрически
Electrician	Електротехник
Equipment	Оборудване
Generator	Генератор
Lamp	Лампа
Laser	Лазер
Magnet	Магнит
Negative	Отрицателен
Network	Мрежа
Objects	Обекти
Positive	Положителен
Quantity	Количество
Socket	Гнездо
Storage	Съхранение
Telephone	Телефон
Television	Телевизия

Energy
Енергия

Battery	Батерия
Carbon	Въглерод
Diesel	Дизел
Electric	Електрически
Electron	Електрон
Engine	Двигател
Entropy	Ентропия
Environment	Среда
Fuel	Гориво
Gasoline	Бензин
Heat	Топлина
Hydrogen	Водород
Industry	Индустрия
Motor	Мотор
Nuclear	Ядрен
Photon	Фотон
Pollution	Замърсяване
Renewable	Възобновяем
Turbine	Турбина
Wind	Вятър

Engineering
Инженерно Изкуство

Angle	Ъгъл
Axis	Ос
Calculation	Изчисление
Construction	Строителство
Depth	Дълбочина
Diagram	Диаграма
Diameter	Диаметър
Diesel	Дизел
Distribution	Разпределение
Energy	Енергия
Engine	Двигател
Levers	Лостове
Liquid	Течност
Machine	Машина
Measurement	Измерване
Motor	Мотор
Propulsion	Задвижване
Stability	Стабилност
Strength	Сила
Structure	Структура

Family
Семейство

Ancestor	Предшественик
Aunt	Леля
Brother	Брат
Child	Дете
Childhood	Детство
Children	Деца
Cousin	Братовчед
Daughter	Дъщеря
Father	Баща
Grandfather	Дядо
Grandson	Внук
Husband	Съпруг
Maternal	Майчин
Mother	Майка
Nephew	Племенник
Niece	Племенница
Paternal	Бащина
Sister	Сестра
Uncle	Чичо
Wife	Жена

Farm #1
Ферма #1

Bee	Пчела
Bison	Бизон
Calf	Теле
Cat	Котка
Chicken	Пиле
Cow	Крава
Crow	Врана
Dog	Куче
Donkey	Магаре
Fence	Ограда
Fertilizer	Тор
Field	Поле
Flock	Стадо
Goat	Коза
Hay	Сено
Honey	Мед
Horse	Кон
Rice	Ориз
Seeds	Семена
Water	Вода

Farm #2
Ферма #2

Animals	Животни
Barley	Ечемик
Barn	Плевня
Beehive	Кошер
Corn	Царевица
Duck	Патица
Farmer	Фермер
Food	Храна
Fruit	Плодове
Geese	Гъски
Irrigation	Напояване
Lamb	Агне
Llama	Лама
Meadow	Ливада
Milk	Мляко
Sheep	Овца
Shepherd	Овчар
Tractor	Трактор
Vegetable	Зеленчук
Wheat	Пшеница

Fishing
Риболов

Bait	Стръв
Basket	Кошница
Beach	Плаж
Boat	Лодка
Cook	Готвя
Equipment	Оборудване
Exaggeration	Преувеличение
Fins	Перки
Gills	Хриле
Hook	Кука
Jaw	Челюст
Lake	Езеро
Ocean	Океан
Patience	Търпение
River	Река
Scales	Везни
Season	Сезон
Water	Вода
Weight	Тегло

Flowers
Цветя

Bouquet	Букет
Calendula	Невен
Clover	Детелина
Daffodil	Нарцис
Daisy	Маргаритка
Dandelion	Глухарче
Gardenia	Гардения
Hibiscus	Хибискус
Jasmine	Жасмин
Lavender	Лавандула
Lilac	Люляк
Lily	Лилия
Magnolia	Магнолия
Orchid	Орхидея
Peony	Божур
Petal	Венчелистче
Poppy	Мак
Rose	Роза
Sunflower	Слънчоглед
Tulip	Лале

Food #1
Храна #1

Apricot	Кайсия
Barley	Ечемик
Basil	Босилек
Carrot	Морков
Cinnamon	Канела
Garlic	Чесън
Juice	Сок
Lemon	Лимон
Milk	Мляко
Onion	Лук
Peanut	Фъстък
Pear	Круша
Salad	Салата
Salt	Сол
Soup	Супа
Spinach	Спанак
Strawberry	Ягода
Sugar	Захар
Tuna	Тон
Turnip	Ряпа

Food #2
Храна #2

Apple	Ябълка
Artichoke	Артишок
Banana	Банан
Broccoli	Броколи
Celery	Целина
Cheese	Сирене
Cherry	Череша
Chicken	Пиле
Chocolate	Шоколад
Egg	Яйце
Eggplant	Патладжан
Fish	Риба
Grape	Грозде
Ham	Шунка
Kiwi	Киви
Mushroom	Гъба
Rice	Ориз
Tomato	Домат
Wheat	Пшеница
Yogurt	Кисело Мляко

Force and Gravity
Сила и Гравитация

Axis	Ос
Center	Център
Discovery	Откритие
Distance	Разстояние
Dynamic	Динамичен
Expansion	Разширяване
Friction	Триене
Impact	Въздействие
Magnetism	Магнетизъм
Mechanics	Механика
Momentum	Инерция
Motion	Движение
Orbit	Орбита
Physics	Физика
Pressure	Налягане
Properties	Имоти
Speed	Скорост
Time	Час
Universal	Универсален
Weight	Тегло

Fruit
Плодове

Apple	Ябълка
Apricot	Кайсия
Avocado	Авокадо
Banana	Банан
Berry	Бери
Cherry	Череша
Coconut	Кокосов Орех
Fig	Смокиня
Grape	Грозде
Guava	Гуава
Kiwi	Киви
Lemon	Лимон
Mango	Манго
Melon	Пъпеш
Nectarine	Нектарин
Papaya	Папая
Peach	Праскова
Pear	Круша
Pineapple	Ананас
Raspberry	Малина

Garden
Градина

Bench	Пейка
Bush	Храст
Fence	Ограда
Flower	Цвете
Garage	Гараж
Garden	Градина
Grass	Трева
Hammock	Хамак
Hose	Маркуч
Pond	Езерце
Porch	Веранда
Rake	Рака
Rocks	Скали
Shovel	Лопата
Soil	Почва
Terrace	Тераса
Trampoline	Батут
Tree	Дърво
Vine	Лоза
Weeds	Плевели

Geography
География

Altitude	Височина
Atlas	Атлас
City	Град
Continent	Континент
Country	Страна
Hemisphere	Полукълбо
Island	Остров
Latitude	Ширина
Map	Карта
Meridian	Меридиан
Mountain	Планина
North	Север
Ocean	Океан
Region	Регион
River	Река
Sea	Море
South	Юг
Territory	Територия
West	Запад
World	Свят

Geology
Геология

Acid	Киселина
Calcium	Калций
Cavern	Пещера
Continent	Континент
Coral	Корал
Crystals	Кристали
Cycles	Цикли
Earthquake	Земетресение
Erosion	Ерозия
Fossil	Минерал
Geyser	Гейзер
Lava	Лава
Layer	Слой
Minerals	Минерали
Plateau	Плато
Quartz	Кварц
Salt	Сол
Stalactite	Сталактит
Stone	Камък
Volcano	Вулкан

Geometry
Геометрия

Angle	Ъгъл
Calculation	Изчисление
Circle	Кръг
Curve	Крива
Diameter	Диаметър
Dimension	Измерение
Equation	Уравнение
Height	Височина
Horizontal	Хоризонтален
Logic	Логика
Mass	Маса
Median	Медиана
Number	Номер
Parallel	Прилика
Proportion	Пропорция
Segment	Сегмент
Surface	Повърхност
Symmetry	Симетрия
Theory	Теория
Triangle	Триъгълник

Government
Правителството

Citizenship	Гражданство
Civil	Граждански
Constitution	Конституция
Democracy	Демокрация
Discussion	Дискусия
District	Област
Equality	Равенство
Independence	Независимост
Judicial	Съдебен
Justice	Справедливост
Law	Закон
Leader	Лидер
Liberty	Свобода
Monument	Паметник
Nation	Нация
Peaceful	Мирен
Politics	Политика
Speech	Реч
State	Държава
Symbol	Символ

Hair Types
Видове Коса

Bald	Плешив
Black	Черен
Blond	Руса
Braided	Сплетен
Braids	Плитки
Brown	Кафяв
Curls	Къдрици
Curly	Къдрав
Dry	Сух
Gray	Сив
Healthy	Здрав
Long	Дълго
Shiny	Лъскав
Short	Къс
Smooth	Гладка
Soft	Мек
Thick	Дебел
Thin	Тънък
Wavy	Вълнообразни
White	Бял

Health and Wellness #1
Здраве и Благополучие №1

Active	Активен
Bacteria	Бактерии
Bones	Кости
Clinic	Клиника
Doctor	Лекар
Fracture	Фрактура
Habit	Навик
Height	Височина
Hormones	Хормони
Hunger	Глад
Medicine	Медицина
Muscles	Мускулите
Nerves	Нерви
Pharmacy	Аптека
Reflex	Рефлекс
Relaxation	Релаксация
Skin	Кожа
Therapy	Терапия
Treatment	Лечение
Virus	Вирус

Health and Wellness #2
Здраве и Благополучие № 2

Allergy	Алергия
Anatomy	Анатомия
Appetite	Апетит
Blood	Кръв
Calorie	Калория
Dehydration	Дехидрация
Diet	Диета
Disease	Болест
Energy	Енергия
Genetics	Генетика
Healthy	Здрав
Hospital	Болница
Hygiene	Хигиена
Infection	Инфекция
Massage	Масаж
Mood	Настроение
Nutrition	Храна
Stress	Стрес
Vitamin	Витамин
Weight	Тегло

Herbalism
Билбализъм

Aromatic	Ароматен
Basil	Босилек
Beneficial	Полезно
Culinary	Кулинарен
Fennel	Копър
Flavor	Вкус
Flower	Цвете
Garden	Градина
Garlic	Чесън
Green	Зелен
Ingredient	Съставка
Lavender	Лавандула
Marjoram	Риган
Mint	Мента
Parsley	Магданоз
Plant	Растение
Quality	Качество
Rosemary	Розмарин
Saffron	Шафран
Tarragon	Естрагон

Hiking
Туризъм

Animals	Животни
Boots	Ботуши
Camping	Къмпинг
Cliff	Скала
Climate	Климат
Guides	Ръководства
Heavy	Тежък
Map	Карта
Mosquitoes	Комари
Mountain	Планина
Nature	Природа
Orientation	Ориентация
Parks	Паркове
Preparation	Подготовка
Stones	Камъни
Summit	Връх
Sun	Слънце
Tired	Уморен
Water	Вода
Wild	Див

House
Къща

Attic	Таван
Broom	Метла
Curtains	Пердета
Door	Врата
Fence	Ограда
Fireplace	Камина
Floor	Етаж
Furniture	Мебели
Garage	Гараж
Garden	Градина
Keys	Ключове
Kitchen	Кухня
Lamp	Лампа
Library	Библиотека
Mirror	Огледало
Roof	Покрив
Room	Стая
Shower	Душ
Wall	Стена
Window	Прозорец

Human Body
Човешкото Тяло

Ankle	Глезен
Blood	Кръв
Bones	Кости
Brain	Мозък
Chin	Брадичка
Ear	Ухо
Elbow	Лакът
Face	Лице
Finger	Пръст
Hand	Ръка
Head	Глава
Heart	Сърце
Jaw	Челюст
Knee	Коляно
Leg	Крак
Mouth	Уста
Neck	Врата
Nose	Нос
Shoulder	Рамо
Skin	Кожа

Immigration
Имиграция

Administration	Администрация
Adults	Възрастни
Aid	Помощ
Approval	Одобрение
Borders	Граници
Children	Деца
Communication	Комуникация
Deadline	Краен Срок
Documents	Документи
Funding	Финансиране
Housing	Жилище
Language	Език
Law	Закон
Negotiation	Преговори
Officer	Офицер
Process	Процес
Protection	Защита
Situation	Ситуация
Solution	Решение
Stress	Стрес

Insects
Насекоми

Ant	Мравка
Aphid	Въшка
Bee	Пчела
Beetle	Бръмбар
Butterfly	Пеперуда
Cicada	Цикада
Cockroach	Хлебарка
Dragonfly	Водно Конче
Flea	Бълха
Grasshopper	Скакалец
Hornet	Стършел
Ladybug	Калинка
Larva	Ларва
Mantis	Богомолка
Mosquito	Комар
Moth	Молец
Termite	Термит
Wasp	Оса
Worm	Червей

Jazz
Джаз

Album	Албум
Applause	Аплодисменти
Artist	Художник
Composer	Композитор
Composition	Състав
Concert	Концерт
Drums	Барабани
Emphasis	Акцент
Famous	Известен
Favorites	Любими
Improvisation	Импровизация
Music	Музика
New	Нов
Old	Стар
Orchestra	Оркестър
Rhythm	Ритъм
Song	Песен
Style	Стил
Talent	Талант
Technique	Техника

Kitchen
Кухня

Apron	Престилка
Bowl	Купа
Chopsticks	Пръчици
Cups	Чаши
Food	Храна
Forks	Вилици
Freezer	Фризер
Grill	Скара
Jar	Буркан
Jug	Кана
Kettle	Чайник
Knives	Ножове
Ladle	Черпак
Napkin	Салфетка
Oven	Фурна
Recipe	Рецепта
Refrigerator	Хладилник
Spices	Подправки
Sponge	Гъба
Spoons	Лъжици

Landscapes
Пейзажи

Beach	Плаж
Cave	Пещера
Desert	Пустиня
Geyser	Гейзер
Glacier	Ледник
Hill	Хълм
Iceberg	Айсберг
Island	Остров
Lake	Езеро
Mountain	Планина
Oasis	Оазис
Ocean	Океан
Peninsula	Полуостров
River	Река
Sea	Море
Swamp	Блато
Tundra	Тундра
Valley	Долина
Volcano	Вулкан
Waterfall	Водопад

Literature
Литература

Analogy	Аналогия
Analysis	Анализ
Anecdote	Анекдот
Author	Автор
Biography	Биография
Comparison	Сравнение
Conclusion	Заключение
Description	Описание
Dialogue	Диалог
Fiction	Измислица
Metaphor	Метафора
Narrator	Разказвач
Novel	Роман
Poem	Стихотворение
Poetic	Поетичен
Rhyme	Рима
Rhythm	Ритъм
Style	Стил
Theme	Тема
Tragedy	Трагедия

Mammals
Бозайници

Bear	Мечка
Beaver	Бобър
Bull	Бик
Cat	Котка
Coyote	Койот
Dog	Куче
Dolphin	Делфин
Elephant	Слон
Fox	Лисица
Giraffe	Жираф
Gorilla	Горила
Horse	Кон
Kangaroo	Кенгуру
Lion	Лъв
Monkey	Маймуна
Rabbit	Заек
Sheep	Овца
Whale	Кит
Wolf	Вълк
Zebra	Зебра

Math
Математически

Angles	Ъгли
Arithmetic	Аритметика
Circumference	Обиколка
Decimal	Десетичен
Diameter	Диаметър
Equation	Уравнение
Exponent	Степен
Fraction	Фракция
Geometry	Геометрия
Parallel	Прилика
Perimeter	Периметър
Polygon	Полигон
Radius	Радиус
Rectangle	Правоъгълник
Sphere	Сфера
Square	Квадрат
Sum	Сума
Symmetry	Симетрия
Triangle	Триъгълник

Meditation
Медитация

Acceptance	Приемане
Attention	Внимание
Awake	Буден
Breathing	Дишане
Calm	Спокоен
Clarity	Яснота
Compassion	Състрадание
Emotions	Емоции
Gratitude	Благодарност
Habits	Навици
Kindness	Доброта
Mental	Умствен
Mind	Ум
Movement	Движение
Music	Музика
Nature	Природа
Peace	Мир
Perspective	Перспектива
Silence	Тишина
Thoughts	Мисли

Music
Музика

Album	Албум
Ballad	Балада
Chorus	Хор
Classical	Класически
Eclectic	Еклектичен
Harmony	Хармония
Instrument	Инструмент
Lyrical	Лиричен
Melody	Мелодия
Microphone	Микрофон
Musical	Музикален
Musician	Музикант
Opera	Опера
Poetic	Поетичен
Recording	Запис
Rhythm	Ритъм
Rhythmic	Ритмичен
Sing	Пея
Singer	Певец
Vocal	Вокал

Musical Instruments
Музикални Инструменти

Banjo	Банджо
Bassoon	Фагот
Cello	Виолончело
Clarinet	Кларинет
Drum	Барабан
Flute	Флейта
Gong	Гонг
Guitar	Китара
Harmonica	Хармоника
Harp	Арфа
Mandolin	Мандолина
Marimba	Маримба
Oboe	Обой
Percussion	Ударни
Piano	Пиано
Saxophone	Саксофон
Tambourine	Дайре
Trombone	Тромбон
Trumpet	Тромпет
Violin	Цигулка

Mythology
Митология

Archetype	Архетип
Behavior	Поведение
Beliefs	Вярвания
Creation	Създаване
Creature	Създание
Culture	Култура
Deities	Божества
Disaster	Бедствие
Heaven	Небето
Hero	Герой
Immortality	Безсмъртие
Jealousy	Ревност
Labyrinth	Лабиринт
Legend	Легенда
Lightning	Мълния
Monster	Чудовище
Mortal	Смъртен
Revenge	Отмъщение
Thunder	Гръм
Warrior	Воин

Nature
Природата

Animals	Животни
Arctic	Арктика
Beauty	Красота
Bees	Пчели
Clouds	Облаци
Desert	Пустиня
Dynamic	Динамичен
Erosion	Ерозия
Fog	Мъгла
Foliage	Лист
Forest	Гора
Glacier	Ледник
Mountains	Планини
Peaceful	Мирен
River	Река
Sanctuary	Светилище
Shelter	Подслон
Tropical	Тропически
Vital	Жизненоважни
Wild	Див

Numbers
Числа

Decimal	Десетичен
Eight	Осем
Eighteen	Осемнадесет
Fifteen	Петнадесет
Five	Пет
Four	Четири
Fourteen	Четиринадесет
Nine	Девет
Nineteen	Деветнадесет
One	Един
Seven	Седем
Seventeen	Седемнадесет
Six	Шест
Sixteen	Шестнадесет
Ten	Десет
Thirteen	Тринадесет
Three	Три
Twelve	Дванадесет
Twenty	Двадесет
Two	Две

Nutrition
Хранене

Appetite	Апетит
Balanced	Балансиран
Bitter	Горчив
Calories	Калории
Carbohydrates	Въглехидрати
Diet	Диета
Digestion	Храносмилане
Edible	Ядни
Fermentation	Ферментация
Flavor	Вкус
Habits	Навици
Health	Здраве
Healthy	Здрав
Nutrient	Хранително
Proteins	Протеини
Quality	Качество
Sauce	Сос
Toxin	Токсин
Vitamin	Витамин
Weight	Тегло

Ocean
Океан

Coral	Корал
Crab	Рак
Dolphin	Делфин
Eel	Змиорка
Fish	Риба
Jellyfish	Медуза
Octopus	Октопод
Oyster	Стрида
Reef	Риф
Salt	Сол
Seaweed	Водорасли
Shark	Акула
Shrimp	Скариди
Sponge	Гъба
Storm	Буря
Tides	Приливи
Tuna	Тон
Turtle	Костенурка
Waves	Вълни
Whale	Кит

Physics
Физика

Acceleration	Ускорение
Atom	Атом
Chaos	Хаос
Chemical	Химически
Density	Плътност
Electron	Електрон
Engine	Двигател
Expansion	Разширяване
Formula	Формула
Frequency	Честота
Gas	Газ
Magnetism	Магнетизъм
Mass	Маса
Mechanics	Механика
Molecule	Молекула
Nuclear	Ядрен
Particle	Частица
Relativity	Относителност
Universal	Универсален
Velocity	Скорост

Plants
Растения

Bamboo	Бамбук
Bean	Боб
Berry	Бери
Botany	Ботаника
Bush	Храст
Cactus	Кактус
Fertilizer	Тор
Flora	Флора
Flower	Цвете
Foliage	Лист
Forest	Гора
Garden	Градина
Grass	Трева
Ivy	Бръшлян
Moss	Мъх
Petal	Венчелистче
Root	Корен
Stem	Стъбло
Tree	Дърво
Vegetation	Растителност

Professions #1
Професии #1

Ambassador	Посланик
Astronomer	Астроном
Attorney	Адвокат
Banker	Банкер
Cartographer	Картограф
Coach	Треньор
Dancer	Танцьорка
Doctor	Лекар
Editor	Редактор
Firefighter	Пожарникар
Geologist	Геолог
Hunter	Ловец
Jeweler	Бижутер
Musician	Музикант
Pianist	Пианист
Plumber	Водопроводчик
Psychologist	Психолог
Sailor	Моряк
Tailor	Шивач
Veterinarian	Ветеринар

Professions #2
Професии #2

Astronaut	Астронавт
Biologist	Биолог
Dentist	Зъболекар
Detective	Детектив
Engineer	Инженер
Farmer	Фермер
Gardener	Градинар
Illustrator	Илюстратор
Inventor	Изобретател
Journalist	Журналист
Librarian	Библиотекар
Linguist	Лингвист
Painter	Художник
Philosopher	Философ
Photographer	Фотограф
Physician	Лекар
Pilot	Пилот
Surgeon	Хирург
Teacher	Учител
Zoologist	Зоолог

Psychology
Психология

Assessment	Оценка
Behavior	Поведение
Childhood	Детство
Clinical	Клиничен
Cognition	Познание
Conflict	Конфликт
Dreams	Мечти
Ego	Его
Emotions	Емоции
Ideas	Идеи
Influences	Влияния
Perception	Възприемане
Personality	Личност
Problem	Проблем
Reality	Реалност
Sensation	Усещане
Subconscious	Подсъзнателно
Therapy	Терапия
Thoughts	Мисли
Unconscious	Безсъзнание

Restaurant #2
Ресторант #2

Beverage	Напитка
Cake	Торта
Chair	Стол
Delicious	Вкусен
Dinner	Вечеря
Eggs	Яйца
Fish	Риба
Fork	Вилица
Fruit	Плодове
Ice	Лед
Lunch	Обяд
Noodles	Юфка
Salad	Салата
Salt	Сол
Soup	Супа
Spices	Подправки
Spoon	Лъжица
Vegetables	Зеленчуци
Waiter	Сервитьор
Water	Вода

Science
Наука

Atom	Атом
Chemical	Химически
Climate	Климат
Data	Данни
Evolution	Еволюция
Experiment	Експеримент
Fact	Факт
Fossil	Минерал
Gravity	Гравитация
Hypothesis	Хипотеза
Laboratory	Лаборатория
Method	Метод
Minerals	Минерали
Molecules	Молекули
Nature	Природа
Organism	Организъм
Particles	Частици
Physics	Физика
Plants	Растения
Scientist	Учен

Science Fiction
Научна Фантастика

Atomic	Атомен
Books	Книги
Chemicals	Химикали
Cinema	Кино
Dystopia	Дистопия
Explosion	Експлозия
Extreme	Екстремни
Fantastic	Фантастично
Fire	Огън
Futuristic	Футуристичен
Galaxy	Галактика
Illusion	Илюзия
Imaginary	Въображаем
Mysterious	Мистериозен
Oracle	Оракул
Planet	Планета
Robots	Роботи
Technology	Технология
Utopia	Утопия
World	Свят

Scientific Disciplines
Научни Дисциплини

Anatomy	Анатомия
Archaeology	Археология
Astronomy	Астрономия
Biochemistry	Биохимия
Biology	Биология
Botany	Ботаника
Chemistry	Химия
Ecology	Екология
Geology	Геология
Immunology	Имунология
Kinesiology	Кинезиология
Linguistics	Лингвистика
Mechanics	Механика
Mineralogy	Минералогия
Neurology	Неврология
Physiology	Физиология
Psychology	Психология
Sociology	Социология
Thermodynamics	Термодинамика
Zoology	Зоология

Shapes
Форми

Arc	Дъга
Circle	Кръг
Cone	Конус
Corner	Ъгъл
Cube	Куб
Curve	Крива
Cylinder	Цилиндър
Edges	Ръбове
Ellipse	Елипса
Hyperbola	Хипербола
Line	Линия
Oval	Овал
Polygon	Полигон
Prism	Призма
Pyramid	Пирамида
Rectangle	Правоъгълник
Side	Страна
Sphere	Сфера
Square	Квадрат
Triangle	Триъгълник

Spices
Подправки

Anise	Анасон
Bitter	Горчив
Cardamom	Кардамон
Cinnamon	Канела
Clove	Карамфил
Coriander	Кориандър
Cumin	Кимион
Curry	Къри
Fennel	Копър
Flavor	Вкус
Garlic	Чесън
Ginger	Джинджифил
Licorice	Женско Биле
Onion	Лук
Paprika	Червен Пипер
Pepper	Пипер
Saffron	Шафран
Salt	Сол
Sweet	Сладък
Vanilla	Ванилия

Technology
Технологии

Blog	Блог
Browser	Браузър
Bytes	Байтове
Camera	Камера
Computer	Компютър
Cursor	Курсор
Data	Данни
Digital	Цифров
Display	Дисплей
File	Файл
Font	Шрифт
Internet	Интернет
Message	Съобщение
Research	Изследване
Screen	Екран
Security	Сигурност
Software	Софтуер
Statistics	Статистика
Virtual	Виртуален
Virus	Вирус

The Company
Фирмата

Business	Бизнес
Creative	Творчески
Decision	Решение
Employment	Заетост
Global	Глобален
Industry	Индустрия
Innovative	Новаторски
Investment	Инвестиция
Possibility	Възможност
Presentation	Презентация
Product	Продукт
Professional	Професионален
Progress	Напредък
Quality	Качество
Reputation	Репутация
Resources	Ресурси
Revenue	Приходи
Risks	Рискове
Trends	Тенденции
Units	Единици

The Media
Медиите

Advertisements	Реклами
Commercial	Търговски
Communication	Комуникация
Digital	Цифров
Edition	Издание
Education	Образование
Facts	Факти
Funding	Финансиране
Images	Изображения
Individual	Индивидуален
Industry	Индустрия
Intellectual	Интелектуален
Local	Местен
Magazines	Списания
Network	Мрежа
Newspapers	Вестници
Online	Онлайн
Opinion	Мнение
Public	Обществен
Radio	Радио

Time
Време

Annual	Годишен
Before	Преди
Calendar	Календар
Century	Век
Clock	Часовник
Day	Ден
Decade	Десетилетие
Early	Рано
Future	Бъдеще
Hour	Час
Minute	Минута
Month	Месец
Morning	Сутрин
Night	Нощ
Noon	Обяд
Now	Сега
Soon	Скоро
Today	Днес
Week	Седмица
Year	Година

To Fill
Запълване

Bag	Чанта
Barrel	Цев
Basin	Басейн
Basket	Кошница
Bottle	Шише
Box	Кутия
Bucket	Кофа
Crate	Щайга
Drawer	Чекмедже
Envelope	Плик
Folder	Папка
Jar	Буркан
Packet	Пакет
Pocket	Джоб
Suitcase	Куфар
Tray	Тава
Tub	Вана
Tube	Тръба
Vase	Ваза
Vessel	Кораб

Town
Град

Airport	Летище
Bakery	Фурна
Bank	Банка
Bookstore	Книжарница
Cinema	Кино
Clinic	Клиника
Florist	Цветар
Gallery	Галерия
Hotel	Хотел
Library	Библиотека
Market	Пазар
Museum	Музей
Pharmacy	Аптека
School	Училище
Stadium	Стадион
Store	Магазин
Supermarket	Супермаркет
Theater	Театър
University	Университет
Zoo	Зоопарк

Universe
Вселената

Asteroid	Астероид
Astronomer	Астроном
Astronomy	Астрономия
Atmosphere	Атмосфера
Celestial	Небесен
Cosmic	Космически
Darkness	Тъмнина
Equator	Екватор
Galaxy	Галактика
Hemisphere	Полукълбо
Horizon	Хоризонт
Latitude	Ширина
Moon	Луна
Orbit	Орбита
Sky	Небе
Solar	Слънчев
Solstice	Слънцестоене
Telescope	Телескоп
Visible	Видим
Zodiac	Зодиак

Vacation #2
Почивка #2

Airport	Летище
Beach	Плаж
Camping	Къмпинг
Destination	Дестинация
Foreign	Чуждестранен
Foreigner	Чужденец
Holiday	Празник
Hotel	Хотел
Island	Остров
Journey	Пътуване
Map	Карта
Mountains	Планини
Passport	Паспорт
Restaurant	Ресторант
Sea	Море
Taxi	Такси
Tent	Палатка
Train	Влак
Transportation	Транспорт
Visa	Виза

Vegetables
Зеленчуци

Artichoke	Артишок
Broccoli	Броколи
Carrot	Морков
Cauliflower	Карфиол
Celery	Целина
Cucumber	Краставица
Eggplant	Патладжан
Garlic	Чесън
Ginger	Джинджифил
Mushroom	Гъба
Onion	Лук
Parsley	Магданоз
Pea	Грах
Pumpkin	Тиква
Radish	Репичка
Salad	Салата
Shallot	Шалот
Spinach	Спанак
Tomato	Домат
Turnip	Ряпа

Vehicles
Превозни Средства

Airplane	Самолет
Ambulance	Линейка
Bicycle	Велосипед
Boat	Лодка
Bus	Автобус
Car	Кола
Caravan	Каравана
Engine	Двигател
Ferry	Ферибот
Helicopter	Хеликоптер
Motor	Мотор
Raft	Сал
Rocket	Ракета
Scooter	Скутер
Submarine	Подводница
Subway	Метро
Taxi	Такси
Tires	Гуми
Tractor	Трактор
Truck	Камион

Visual Arts
Визуални Изкуства

Architecture	Архитектура
Artist	Художник
Ceramics	Керамика
Chalk	Тебешир
Clay	Глина
Composition	Състав
Creativity	Творчество
Easel	Статив
Film	Филм
Masterpiece	Шедьовър
Painting	Живопис
Pen	Дръжка
Pencil	Молив
Perspective	Перспектива
Photograph	Снимка
Portrait	Портрет
Sculpture	Скулптура
Stencil	Шаблон
Varnish	Лак
Wax	Восък

Water
Вода

Canal	Канал
Damp	Влажна
Evaporation	Изпаряване
Flood	Наводнение
Frost	Мраз
Geyser	Гейзер
Humidity	Влажност
Hurricane	Ураган
Ice	Лед
Irrigation	Напояване
Lake	Езеро
Moisture	Влага
Monsoon	Мусон
Ocean	Океан
Rain	Дъжд
River	Река
Shower	Душ
Snow	Сняг
Steam	Пара
Waves	Вълни

Weather
Времето

Atmosphere	Атмосфера
Calm	Спокоен
Climate	Климат
Cloud	Облак
Drought	Суша
Dry	Сух
Fog	Мъгла
Hurricane	Ураган
Ice	Лед
Lightning	Цип
Monsoon	Мусон
Polar	Полярни
Rainbow	Дъга
Sky	Небе
Storm	Буря
Temperature	Температура
Thunder	Гръм
Tornado	Торнадо
Tropical	Тропически
Wind	Вятър

Congratulations

You made it!

We hope you enjoyed this book as much as we enjoyed making it. We do our best to make high quality games.
These puzzles are designed in a clever way for you to learn actively while having fun!

Did you love them?

A Simple Request

Our books exist thanks your reviews. Could you help us by leaving one now?

Here is a short link which will take you to your order review page:

BestBooksActivity.com/Review50

MONSTER CHALLENGE!

Challenge #1

Ready for Your Bonus Game? We use them all the time but they are not so easy to find. Here are **Synonyms**!

Note 5 words you discovered in each of the Puzzles noted below (#21, #36, #76) and try to find 2 synonyms for each word.

Note 5 Words from ***Puzzle 21***

Words	Synonym 1	Synonym 2

Note 5 Words from ***Puzzle 36***

Words	Synonym 1	Synonym 2

Note 5 Words from ***Puzzle 76***

Words	Synonym 1	Synonym 2

Challenge #2

Now that you are warmed-up, note 5 words you discovered in each Puzzle noted below (#9, #17, #25) and try to find 2 antonyms for each word. How many lines can you do in 20 minutes?

Note 5 Words from ***Puzzle 9***

Words	Antonym 1	Antonym 2

Note 5 Words from ***Puzzle 17***

Words	Antonym 1	Antonym 2

Note 5 Words from ***Puzzle 25***

Words	Antonym 1	Antonym 2

Challenge #3

Wonderful, this monster  challenge is nothing to you!

Ready for the last one? Choose your 10 favorite words discovered in any of the Puzzles and note them below.

1.	6.
2.	7.
3.	8.
4.	9.
5.	10.

Now, using these words and within a maximum of six sentences, your challenge is to compose a text about a person, animal or place that you love!

Tip: You can use the last blank page of this book as a draft!

Your Writing:

NOTEBOOK:

SEE YOU SOON!

Linguas Classics Team

www.ingramcontent.com/pod-product-compliance
Lightning Source LLC
LaVergne TN
LVHW060315080526
838202LV00053B/4334